PIANO BUYER

MODEL & PRICE SUPPLEMENT
FALL 2022

HANNAH BECKETT
Editor

WWW.PIANOBUYER.COM

Piano Buyer Model & Price Supplement is published by:
Piano Buyer Press LLC   info@pianobuyer.com
P.O. Box 210   www.pianobuyer.com
Herndon, VA 20172

Piano Buyer Model & Price Supplement / Fall 2022
Copyright © 2022 by Piano Buyer Press LLC.
All rights reserved.
"Piano Buyer" is a Registered Trademark of Piano Buyer Press LLC.

ISBN 978-1-929145-04-1

No part of this book may be reproduced in any form whatsoever without prior written permission of the publisher, except for brief quotations embodied in critical articles and book reviews.

Reasonable efforts have been made to secure accurate information for this publication. Due in part to the fact that manufacturers and distributors will not always willingly make this information available, however, some indirect sources have been relied on.

Neither the editors nor publisher make any guarantees with respect to the accuracy of the information contained herein, and will not be liable for damages—incidental, consequential, or otherwise—resulting from the use of the information.

CONTENTS

Acoustic Piano Model & Pricing Guide   1

Digital Piano Specifications & Prices   73

Acoustic Piano
Model & Pricing Guide

This guide contains price information for nearly every brand, model, style, and finish of new piano that has regular distribution in the United States and, for the most part, Canada. Omitted are some marginal, local, or "stencil" brands (brands sold only by a single dealership). Prices are in U.S. dollars and are subject to change. Prices include an allowance for the approximate cost of freight from the U.S. warehouse to the dealer, and for a minimal amount of make-ready by the dealer. The prices cited in this edition were compiled in October 2022 and apply only to piano sales in the U.S. Prices in Canada are often very different due to differences in duty, freight, sales practices, and competition.

Note that the prices of European pianos vary with the value of the dollar against the euro. For this edition, the exchange rate used by most manufacturers was approximately €1 = $0.99. Prices of European pianos include import duties and estimated costs of airfreight (where applicable) to the dealer. However, actual costs will vary depending on the shipping method used, the port of entry, and other variables. Also keep in mind that the dealer may have purchased the piano at an exchange rate different from the current one.

Unless otherwise indicated, cabinet styles are assumed to be traditional in nature, with minimal embellishment and straight legs. Recognizable furniture styles are noted, and the manufacturer's own trademarked style name is used when an appropriate generic name could not be determined. Please see the section on "Furniture Style and Finish" in our online article **"Piano-Buying Basics"** for descriptions or definitions of terms relating to style and finish.

"Size" refers to the height of a vertical or the length of a grand. These are the only dimensions that vary significantly and relate to the quality of the instrument. The height of a vertical piano is measured from the floor to the top of the piano. The length of a grand piano is measured from the very front (keyboard end) to the very back (tail end) with the lid closed.

About Prices

The subject of piano pricing is difficult, complicated, and controversial. One of the major problems is that piano dealers tend to prefer that list prices be as high as possible so they can still make a profit while appearing to give very generous discounts. Honesty about pricing is resisted.

But even knowing what is "honest" is a slippery business because many factors can have a dramatic effect on piano pricing. For one thing, different dealerships can pay very different wholesale prices for the same merchandise, depending on:

- the size of the dealership and how many pianos it agrees to purchase at one time or over a period of time
- whether the dealer pays cash or finances the purchase
- the degree to which the dealer buys manufacturer overstocks at bargain prices
- any special terms the dealership negotiates with the manufacturer or distributor
- the cost of freight to the dealer's location.

In addition to these variations at the wholesale level, retail conditions also vary from dealer to dealer or from one geographic area to another, including:

- the general cost of doing business in the dealer's area
- the level of pre- and post-sale service the dealer provides
- the level of professionalism of the sales staff and the degree to which they are trained and compensated
- the ease of local comparison shopping by the consumer for a particular type of piano or at a particular price level.

Besides the variations between dealerships, the circumstances of each sale at any particular dealership can vary tremendously due to such things as:

- how long a particular piano has been sitting around unsold, racking up finance charges for the dealer
- the dealer's financial condition and need for cash at the moment
- competing sales events going on at other dealerships in the area
- whether or not the customer is trading in a used piano.

As difficult as it might be to come up with accurate price information, confusion and ignorance about pricing for such a high-ticket item is intolerable to the consumer, and can cause decision-making paralysis. I strongly believe that a reasonable amount of price information actually greases the wheels of commerce by giving the customer the peace of mind that allows him or her to make a purchase. In this guide I've tried to give a level of information about price that reasonably respects the interests of both buyer and seller, given the range of prices that can exist for any particular model.

Prices include a bench except where noted. (Even where a price doesn't include a bench, the dealer will almost always provide one and quote a price that includes it.) Most dealers will also include delivery and one or two tunings in the home, but these are optional and a matter of agreement between you and the dealer. Prices do not include sales tax.

In this guide, two prices are given for each model: Manufacturer's Suggested Retail Price (MSRP) and Suggested Maximum Price (SMP).

Manufacturer's Suggested Retail Price (MSRP)

The MSRP is a price provided by the manufacturer or distributor and designed as a starting point from which dealers are expected to discount. I include it here for reference purposes—only rarely does a customer pay this price. The MSRP is usually figured as a multiple of the wholesale price, but the specific multiple used differs from company to company. **For that reason, it's fruitless to compare prices of different brands by comparing discounts from the MSRP.** To see why, consider the following scenario:

Manufacturer A sells brand A through its dealer A. The wholesale price to the dealer is $1,000, but for the purpose of setting the MSRP, the manufacturer doubles the wholesale price and sets the MSRP at $2,000. Dealer A offers a 25 percent discount off the MSRP, for a "street price" of $1,500.

Manufacturer B sells brand B through its dealer B. The wholesale price to the dealer is also $1,000, but manufacturer B triples the wholesale price and sets the MSRP at $3,000. Dealer B offers a generous 50 percent discount, for a street price of, again, $1,500.

Although the street price is the same for both pianos, a customer shopping at both stores and knowing nothing about the wholesale price or how the MSRPs are computed, is likely to come away with the impression that brand B, with a discount of 50 percent off $3,000, is a more "valuable" piano and a better deal than brand A, with a discount of 25 percent off $2,000. Other factors aside, which dealer do you think will get the sale? It's important to note that there is nothing about brand B that makes it deserving of a higher MSRP than brand A—how to compute the MSRP is essentially a marketing decision on the part of the manufacturer.

Because of the deceptive manner in which MSRPs are so often used, some manufacturers no longer provide them. In those cases, I've left the MSRP column blank.

Suggested Maximum Price (SMP)

The Suggested Maximum Price (SMP) is a price I've created, based on a profit margin that I've uniformly applied to published wholesale prices. (Where the published wholesale price is unavailable, or is believed to be bogus, as is sometimes the case, I've made a reasonable attempt to estimate the SMP from other sources.) Because in the SMP, unlike in the MSRP, the same profit margin is applied to all brands, the SMP can be used as a "benchmark" price for the purpose of comparing brands and offers. The specific profit margin I've chosen for the SMP is one that dealers often try—but rarely manage—to attain. Also included in the SMP, in most cases, are allowances for duty (where applicable), freight charges, and a minimal amount of make-ready by the dealer. Although the SMP is my creation, it's a reasonable estimate of the **maximum** price you should realistically expect to pay. However, **most sales actually take place at a modest discount to the SMP**. How good a deal you can negotiate will vary, depending on the many factors listed earlier.

Note: You have probably read in the news about the shipping delays that are plaguing the world economy as it struggles to bounce back from the COVID pandemic. Accompanying these delays are enormous increases in the cost of international shipping—sometimes by as much as 600%. Some piano manufacturers have adjusted their published prices to account for these increases. Most, however, are simply tacking a freight surcharge on to their wholesale prices, which retailers will have to pass on to their customers to remain profitable. Therefore, you should expect a surcharge of perhaps $500 to $750 above the prices shown in this book. The surcharges will likely be withdrawn once shipping capacity returns to pre-COVID levels and freight prices return to normal.

There is no single "fair" or "right" price that can be applied to every purchase. The only fair price is that which the buyer and seller agree on. It's understandable that you would like to pay as little as possible, but remember that piano shopping is not just about chasing the lowest price. Be sure you are getting the instrument that best suits your needs and preferences, and that the dealer is committed to providing the appropriate level of pre- and post-sale service.

For more information about shopping for a new piano and how to save money, please see pages 60–75 in **The Piano Book**, Fourth Edition.

Searchable Database

To search piano models by price range, size, quality level, furniture style, finish, and more, please go to **www.pianobuyer.com** to access the free searchable database of acoustic piano models and prices.

Model	Feet	Inches	Description	MSRP	SMP
BALDWIN					
Verticals					
B342		43	French Provincial Satin Cherry	12,145	8,590
B442		43	Satin Mahogany	12,145	8,590
BPE1		47	Polished Ebony	10,865	7,790
BPC1S		47	Polished Ebony with Silver Hardware	11,495	8,190
B243		47	Satin Ebony/Walnut (school piano)	12,465	8,790
BPC3T		48	Polished Ebony	12,145	8,590
BPC3T		48	Polished Rosewood	12,465	8,790
BPC3		48	French Provincial Polished Rosewood	12,785	8,990
BPC5		49	Polished Ebony	12,785	8,990
BPC5		49	Polished Rosewood	13,095	9,190
BPX5		49	Satin Mahogany	13,745	9,590
B252		52	Satin Ebony	15,345	10,590
Professional Series Grands					
BP148	4	10	Polished Ebony	29,425	19,390
BP148	4	10	Polished Ebony with Silver Hardware	31,985	20,990
BP148	4	10	Polished Mahogany/Walnut/White	31,985	20,990
BP152	5		Polished Ebony	32,625	21,390
BP165	5	5	Polished Ebony	35,825	23,390
BP165	5	5	Polished Ebony with Silver Hardware	38,385	24,990
BP165	5	5	Polished Mahogany/Walnut/White	38,385	24,990
BP178	5	10	Polished Ebony	46,385	29,990
BP178	5	10	Polished Mahogany/Walnut	48,945	31,590
BP190	6	3	Polished Ebony	54,385	34,990
BP190	6	3	Polished Mahogany/Walnut	56,945	36,590
BP211	6	11	Polished Ebony	70,385	44,990
Academy Series Grands					
B146	4	9	Satin Ebony	26,225	17,390
B146	4	9	Polished Ebony	24,625	16,390
B146	4	9	Polished Ebony with Silver Hardware	26,225	17,390
B146	4	9	Polished Mahogany/Walnut/White	26,225	17,390
B151	5		Satin Ebony	29,425	19,390
B151	5		Polished Ebony	27,825	18,390
B151	5		Polished Ebony with Silver Hardware	29,425	19,390
B151	5		Polished Mahogany/Walnut/White	29,425	19,390
B161	5	4	Satin Ebony	32,625	21,390
B161	5	4	Polished Ebony	31,025	20,390
B161	5	4	Polished Ebony with Silver Hardware	32,625	21,390
B161	5	4	Polished Mahogany/Walnut/White	32,625	21,390
B177	5	9	Satin Ebony	38,385	24,990
B177	5	9	Polished Ebony	36,785	23,990
B177	5	9	Polished Mahogany/Walnut	38,385	24,990
B186	6	1	Satin Ebony	44,785	28,990
B186	6	1	Polished Ebony	43,185	27,990
B217	7	1	Polished Ebony	57,585	36,990

Acoustic Piano Model & Pricing Guide

Model	Feet	Inches	Description	MSRP	SMP

BECHSTEIN, C.

C. Bechstein Academy Series Verticals

Model		Inches	Description	MSRP	SMP
A114 Chrome Art		45	Polished Ebony	31,900	31,900
A114 Chrome Art		45	Polished White	33,900	33,900
A2 / A114 Modern		45	Polished Ebony	29,900	29,900
A2 / A114 Modern		45	Polished White	32,900	32,900
A4		47.5	Polished Ebony	31,900	31,900
A4		47.5	Polished White	34,900	34,900
A124 Imposant		49	Polished Ebony	33,900	33,900
A124 Imposant		49	Polished White	36,900	36,900
A124 Style		49	Polished Ebony	35,900	35,900
A124 Style		49	Polished White	38,900	38,900
A124 Style		49	Satin and Polished Mahogany/Walnut	40,900	40,900

C. Bechstein Residence Series Verticals

Model		Inches	Description	MSRP	SMP
R116 Millenium		46	Polished Ebony	34,900	34,900
R116 Millenium		46	Polished White	37,000	37,000
R118 Classic		46.5	Polished Ebony	36,000	36,000
R118 Classic		46.5	Polished White	39,000	39,000
R118 Classic		46.5	Satin and Polished Walnut/Mahogany	41,000	41,000
R118 Contur		46.5	Polished Ebony	38,000	38,000
R118 Contur		46.5	Polished White	42,000	42,000
R118 Contur		46.5	Satin and Polished Walnut/Mahogany	44,000	44,000
R124 Classic		49	Polished Ebony	43,000	43,000
R124 Classic		49	Polished White	47,000	47,000
R124 Classic		49	Satin and Polished Walnut/Mahogany	49,000	49,000
R124 Elegance		49	Polished Ebony	45,000	45,000
R124 Elegance		49	Polished White	48,000	48,000
R124 Elegance		49	Satin and Polished Walnut/Mahogany	50,000	50,000

C. Bechstein Concert Series Verticals

Model		Inches	Description	MSRP	SMP
Concert 8		51.5	Polished Ebony	72,000	72,000
Concert 8		51.5	Polished White	75,000	75,000
Concert 8		51.5	Satin and Polished Walnut/Mahogany	78,000	78,000
Concert 8		51.5	Satin and Polished Burl Walnut/Vavona	81,000	81,000

C. Bechstein Academy Series Grands

Model	Feet	Inches	Description	MSRP	SMP
A160	5	3	Polished Ebony	73,900	73,900
A160	5	3	Satin and Polished Mahogany/Walnut	85,900	85,900
A160	5	3	Polished White	78,900	78,900
A175	5	9	Polished Ebony	77,900	77,900
A175	5	9	Satin and Polished Walnut/Mahogany	89,900	89,900
A175	5	9	Polished White	83,900	83,900
A190	6	3	Polished Ebony	83,900	83,900
A190	6	3	Satin and Polished Mahogany/Walnut	95,900	95,900
A190	6	3	Polished White	89,900	89,900
A208	6	8	Polished Ebony	89,900	89,900

Model	Feet	Inches	Description	MSRP	SMP

BECHSTEIN, C. *(continued)*

Model	Feet	Inches	Description	MSRP	SMP
A208	6	8	Satin and Polished Mahogany/Walnut	106,900	106,900
A208	6	8	Polished White	95,900	95,900
A228	7	5	Polished Ebony	102,900	102,900
A228	7	5	Satin and Polished Mahogany/Walnut	120,900	120,900
A228	7	5	Polished White	108,900	108,900

C. Bechstein Concert Series Grands

Model	Feet	Inches	Description	MSRP	SMP
L-167	5	6	Polished Ebony	135,000	135,000
L-167	5	6	Satin and Polished Mahogany/Walnut/Cherry	150,000	150,000
L-167	5	6	Polished White	145,000	145,000
A-192	6	4	Polished Ebony	155,000	155,000
A-192	6	4	Satin and Polished Mahogany/Walnut/Cherry	170,000	170,000
A-192	6	4	Polished White	165,000	165,000
B-212	6	11	Polished Ebony	180,000	180,000
B-212	6	11	Polished White	190,000	190,000
C-234	7	8	Polished Ebony	215,000	215,000
C-234	7	8	Polished White	230,000	230,000
D-282	9	3	Polished Ebony	275,000	275,000
D-282	9	3	Polished White	285,000	285,000

BLÜTHNER
Prices do not include bench.
Verticals

Model	Feet	Inches	Description	MSRP	SMP
D		45	Satin and Polished Ebony	42,412	39,382
D		45	Satin and Polished Walnut/Mahogany	45,805	42,452
D		45	Satin and Polished Cherry	46,017	42,644
D		45	Satin and Polished White	45,381	42,069
D		45	Satin and Polished Bubinga/Yew/Rosewood/Macassar	47,077	43,604
C		46	Satin and Polished Ebony	47,124	43,646
C		46	Satin and Polished Mahogany/Walnut	50,894	47,058
C		46	Satin and Polished Cherry	51,130	47,271
C		46	Satin and Polished White	50,423	46,632
C		46	Satin and Polished Bubinga/Yew/Rosewood/Macassar	52,308	48,338
C		46	Saxony Polished Pyramid Mahogany	59,848	55,161
C		46	Polished Burl Walnut/Camphor	63,618	58,573
A		49	Satin and Polished Ebony	54,295	50,136
A		49	Satin and Polished Mahogany/Walnut	58,639	54,067
A		49	Satin and Polished Cherry	58,910	54,312
A		49	Satin and Polished White	58,096	53,576
A		49	Satin and Polished Bubinga/Yew/Rosewood/Macassar	60,268	55,541
A		49	Saxony Polished Pyramid Mahogany	68,955	63,403
A		49	Polished Burl Walnut/Camphor	73,299	67,334
B		52	Satin and Polished Ebony	61,466	56,625
B		52	Satin and Polished Mahogany/Walnut	66,384	61,076

Acoustic Piano Model & Pricing Guide

Model	Feet	Inches	Description	MSRP	SMP
BLÜTHNER *(continued)*					
B		52	Satin and Polished Cherry	66,691	61,354
B		52	Satin and Polished White	65,769	60,519
B		52	Satin and Polished Bubinga/Yew/Rosewood/Macassar	68,228	62,745
B		52	Saxony Polished Pyramid Mahogany	78,062	71,644
B		52	Polished Burl Walnut/Camphor	82,979	76,094
S		57.5	Satin and Polished Ebony	82,599	75,750
S		57.5	Satin and Polished Mahogany/Walnut	89,207	81,730
S		57.5	Satin and Polished Cherry	89,620	82,104
S		57.5	Satin and Polished White	88,381	80,983
S		57.5	Satin and Polished Bubinga/Yew/Rosewood/Macassar	91,685	83,973
S		57.5	Saxony Polished Pyramid Mahogany	104,900	95,932
S		57.5	Polished Burl Walnut/Camphor	111,508	101,912
Verticals			e-volution Hybrid Piano System, add	9,330	8,443
Verticals			Sostenuto, add	3,400	3,077
Grands					
11	5	1	Satin and Polished Ebony	101,205	92,588
11	5	1	Satin and Polished Mahogany/Walnut	109,301	99,915
11	5	1	Satin and Polished Cherry	109,807	100,373
11	5	1	Satin and Polished White	108,289	98,999
11	5	1	Satin and Polished Bubinga/Yew/Rosewood/Macassar	112,338	102,663
11	5	1	Saxony Polished Pyramid Mahogany	129,542	118,233
11	5	1	Polished Burl Walnut/Camphor	129,542	118,233
11	5	1	President Polished Ebony	114,705	104,805
11	5	1	President Polished Mahogany/Walnut	122,802	112,133
11	5	1	President Polished Bubinga	125,838	114,881
11	5	1	President Burl Walnut	143,043	130,451
11	5	1	Wilhelm II Satin and Polished Ebony	118,410	108,158
11	5	1	Wilhelm II Polished Mahogany/Walnut	127,883	116,731
11	5	1	Wilhelm II Polished Pyramid Mahogany	150,543	137,238
11	5	1	Wilhelm II Polished Burl Walnut	150,543	137,238
11	5	1	Ambassador Santos Rosewood	146,039	133,162
11	5	1	Ambassador Walnut	142,092	129,590
11	5	1	Nicolas II Satin Walnut with Burl Inlay	145,088	132,301
11	5	1	Louis XIV Rococo Satin White with Gold	162,434	147,999
11	5	1	Jubilee Polished Ebony	122,205	111,593
11	5	1	Jubilee Polished Mahogany/Walnut	130,302	118,920
11	5	1	Julius Bluthner Edition	125,626	114,689
11	5	1	Crystal Edition Elegance	153,751	140,141
11	5	1	Crystal Edition Idyllic	180,001	163,897
PH	5	1	Paul Hennigsen Design	129,000	117,742
10	5	5	Satin and Polished Ebony	116,667	106,581
10	5	5	Satin and Polished Mahogany/Walnut	126,000	115,027
10	5	5	Satin and Polished Cherry	126,584	115,556
10	5	5	Satin and Polished White	124,834	113,972
10	5	5	Satin and Polished Bubinga/Yew/Rosewood/Macassar	129,500	118,195

Model	Feet	Inches	Description	MSRP	SMP
BLÜTHNER *(continued)*					
10	5	5	Saxony Polished Pyramid Mahogany	147,000	134,032
10	5	5	Polished Burl Walnut/Camphor	147,000	134,032
10	5	5	President Polished Ebony	130,167	118,798
10	5	5	President Polished Mahogany/Walnut	139,500	127,244
10	5	5	President Polished Bubinga	143,000	130,412
10	5	5	President Burl Walnut	160,500	146,249
10	5	5	Senator Walnut w/Leather	135,001	123,173
10	5	5	Senator Jacaranda Satin Rosewood w/Leather	146,251	133,354
10	5	5	Wilhelm II Satin and Polished Ebony	136,500	124,529
10	5	5	Wilhelm II Polished Mahogany/Walnut	147,420	134,412
10	5	5	Wilhelm II Polished Pyramid Mahogany	168,000	153,036
10	5	5	Wilhelm II Polished Burl Walnut	168,000	153,036
10	5	5	Ambassador Santos Rosewood	168,350	153,353
10	5	5	Ambassador Walnut	163,800	149,235
10	5	5	Nicolas II Satin Walnut with Burl Inlay	161,700	147,335
10	5	5	Louis XIV Rococo Satin White with Gold	187,250	170,457
10	5	5	Jubilee Polished Ebony	137,667	125,586
10	5	5	Jubilee Polished Mahogany/Walnut	147,000	134,032
10	5	5	Dynasty	168,000	153,036
10	5	5	Julius Bluthner Edition	138,751	126,567
10	5	5	Crystal Edition Elegance	168,751	153,716
10	5	5	Crystal Edition Idyllic	195,001	177,471
PH	5	9	Paul Hennigsen Design	169,000	153,941
6	6	3	Satin and Polished Ebony	132,652	121,047
6	6	3	Satin and Polished Mahogany/Walnut	143,264	130,651
6	6	3	Satin and Polished Cherry	143,927	131,251
6	6	3	Satin and Polished White	141,937	129,450
6	6	3	Satin and Polished Bubinga/Yew/Rosewood/Macassar	147,244	134,252
6	6	3	Saxony Polished Pyramid Mahogany	167,141	152,259
6	6	3	Polished Burl Walnut/Camphor	167,141	152,259
6	6	3	President Polished Ebony	146,152	133,264
6	6	3	President Polished Mahogany/Walnut	156,764	142,868
6	6	3	President Polished Bubinga	160,744	146,470
6	6	3	President Burl Walnut	180,641	164,476
6	6	3	Senator Walnut w/Leather	150,001	136,748
6	6	3	Senator Jacaranda Satin Rosewood w/Leather	161,251	146,929
6	6	3	Wilhelm II Satin and Polished Ebony	155,203	141,455
6	6	3	Wilhelm II Polished Mahogany/Walnut	167,619	152,691
6	6	3	Wilhelm II Polished Pyramid Mahogany	188,141	171,263
6	6	3	Wilhelm II Polished Burl Walnut	188,141	171,263
6	6	3	Ambassador Santos Rosewood	182,582	166,233
6	6	3	Ambassador Walnut	179,080	163,063
6	6	3	Nicolas II Satin Walnut with Burl Inlay	183,855	167,385
6	6	3	Louis XIV Rococo Satin White with Gold	212,906	193,675
6	6	3	Jubilee Polished Ebony	153,652	140,052

Acoustic Piano Model & Pricing Guide

Model	Feet	Inches	Description	MSRP	SMP

BLÜTHNER (continued)

Model	Feet	Inches	Description	MSRP	SMP
6	6	3	Jubilee Polished Mahogany/Walnut	164,264	149,655
6	6	3	Dynasty	188,141	171,263
6	6	3	Julius Bluthner Edition	151,876	138,444
6	6	3	Crystal Edition Elegance	180,001	163,897
6	6	3	Crystal Edition Idyllic	225,001	204,621
			Jubilee Plate, add	6,750	6,109
4	6	10	Satin and Polished Ebony	156,061	142,232
4	6	10	Satin and Polished Mahogany/Walnut	168,546	153,530
4	6	10	Satin and Polished Cherry	169,326	154,236
4	6	10	Satin and Polished White	166,985	152,118
4	6	10	Satin and Polished Bubinga/Yew/Rosewood/Macassar	173,228	157,767
4	6	10	Saxony Polished Pyramid Mahogany	196,637	178,952
4	6	10	Polished Burl Walnut/Camphor	196,637	178,952
4	6	10	President Polished Ebony	169,561	154,449
4	6	10	President Polished Mahogany/Walnut	182,046	165,748
4	6	10	President Polished Bubinga	186,728	169,985
4	6	10	President Burl Walnut	210,137	191,169
4	6	10	Senator Walnut w/Leather	172,501	157,110
4	6	10	Senator Jacaranda Satin Rosewood w/Leather	183,751	167,290
4	6	10	Wilhelm II Satin and Polished Ebony	182,591	166,241
4	6	10	Wilhelm II Polished Mahogany/Walnut	197,199	179,461
4	6	10	Wilhelm II Polished Pyramid Mahogany	217,637	197,957
4	6	10	Wilhelm II Polished Burl Walnut	217,637	197,957
4	6	10	Ambassador Santos Rosewood	211,338	192,256
4	6	10	Ambassador Walnut	205,626	187,087
4	6	10	Nicolas II Satin Walnut with Burl Inlay	216,301	196,748
4	6	10	Louis XIV Rococo Satin White with Gold	250,478	227,677
4	6	10	Jubilee Polished Ebony	177,061	161,236
4	6	10	Jubilee Polished Mahogany/Walnut	189,546	172,535
4	6	10	Dynasty	217,637	197,957
4	6	10	Julius Bluthner Edition	178,126	162,200
4	6	10	Queen Victoria JB Edition Polished Rosewood	213,189	193,931
4	6	10	Crystal Edition Elegance	206,251	187,652
4	6	10	Crystal Edition Idyllic	255,002	231,771
2	7	8	Satin and Polished Ebony	175,569	159,886
2	7	8	Satin and Polished Mahogany/Walnut	189,614	172,596
2	7	8	Satin and Polished Cherry	190,492	173,391
2	7	8	Satin and Polished White	187,858	171,007
2	7	8	Satin and Polished Bubinga/Yew/Rosewood/Macassar	194,881	177,363
2	7	8	Saxony Polished Pyramid Mahogany	222,972	202,785
2	7	8	Polished Burl Walnut/Camphor	222,972	202,785
2	7	8	President Polished Ebony	189,069	172,103
2	7	8	President Polished Mahogany/Walnut	203,114	184,814
2	7	8	President Polished Bubinga	208,381	189,580
2	7	8	President Burl Walnut	236,472	215,002

Model	Feet	Inches	Description	MSRP	SMP
BLÜTHNER *(continued)*					
2	7	8	Senator Walnut w/Leather	187,501	170,684
2	7	8	Senator Jacaranda Satin Rosewood w/Leather	198,751	180,865
2	7	8	Wilhelm II Satin and Polished Ebony	205,415	186,896
2	7	8	Wilhelm II Polished Mahogany/Walnut	221,849	201,768
2	7	8	Wilhelm II Polished Pyramid Mahogany	243,972	221,789
2	7	8	Wilhelm II Polished Burl Walnut	243,972	221,789
2	7	8	Ambassador Santos Rosewood	237,755	216,163
2	7	8	Ambassador Walnut	231,329	210,348
2	7	8	Nicolas II Satin Walnut with Burl Inlay	245,269	222,963
2	7	8	Louis XIV Rococo Satin White with Gold	281,788	256,012
2	7	8	Jubilee Polished Ebony	196,569	178,890
2	7	8	Jubilee Polished Mahogany/Walnut	210,614	191,601
2	7	8	Dynasty	243,972	221,789
2	7	8	Julius Bluthner Edition	206,251	187,652
2	7	8	Queen Victoria JB Edition Polished Rosewood	235,854	214,443
2	7	8	Crystal Edition Elegance	270,002	245,346
2	7	8	Crystal Edition Idyllic	318,752	289,463
1	9	2	Satin and Polished Ebony	214,584	195,194
1	9	2	Satin and Polished Mahogany/Walnut	231,751	210,729
1	9	2	Satin and Polished Cherry	232,824	211,700
1	9	2	Satin and Polished White	229,605	208,787
1	9	2	Satin and Polished Bubinga/Yew/Rosewood/Macassar	238,188	216,555
1	9	2	Saxony Polished Pyramid Mahogany	272,522	247,626
1	9	2	Polished Burl Walnut/Camphor	278,959	253,452
1	9	2	President Polished Ebony	228,084	207,411
1	9	2	President Polished Mahogany/Walnut	245,251	222,947
1	9	2	President Polished Bubinga	251,688	228,772
1	9	2	President Burl Walnut	292,459	265,669
1	9	2	Wilhelm II Satin and Polished Ebony	251,063	228,206
1	9	2	Wilhelm II Polished Mahogany/Walnut	271,148	246,383
1	9	2	Wilhelm II Polished Pyramid Mahogany	293,522	266,631
1	9	2	Wilhelm II Polished Burl Walnut	299,959	272,456
1	9	2	Ambassador Santos Rosewood	295,353	268,288
1	9	2	Ambassador Walnut	289,688	263,161
1	9	2	Nicolas II Satin Walnut with Burl Inlay	306,855	278,697
1	9	2	Jubilee Polished Ebony	235,584	214,198
1	9	2	Jubilee Polished Mahogany/Walnut	252,751	229,734
1	9	2	Dynasty	299,959	272,456
1	9	2	Julius Bluthner Edition	243,665	221,511
1	9	2	Queen Victoria JB Edition Polished Rosewood	275,833	250,623
1	9	2	Crystal Edition Elegance	307,502	279,282
1	9	2	Crystal Edition Idyllic	356,252	323,400
Grands			e-volution Hybrid Piano System, add	10,012	9,061

Acoustic Piano Model & Pricing Guide

Model	Feet	Inches	Description	MSRP	SMP

BÖSENDORFER
Verticals

Model	Feet	Inches	Description	MSRP	SMP
130		52	Satin and Polished Ebony	88,999	82,998
130		52	Satin and Polished White, other colors	103,999	96,998
130		52	Polished, Satin, Open-pore: Walnut, Cherry, Mahogany, Pomele	110,999	102,998
130		52	Polished, Satin, Open-pore: Birdseye Maple, Madronna, Vavona, Wenge	117,999	110,998
130		52	Polished, Satin, Open-pore: Pyramid Mahogany, Burl Walnut, Macassar	122,999	114,998
Vertical			Silent Piano SH2 System, add	7,599	6,998

Grands

Model	Feet	Inches	Description	MSRP	SMP
170VC	5	7	Satin and Polished Ebony	146,999	138,998
170VC	5	7	Satin and Polished White, other colors	164,999	154,998
170VC	5	7	Polished, Satin, Open-pore: Walnut, Cherry, Mahogany, Pomele	177,999	166,998
170VC	5	7	Polished, Satin, Open-pore: Birdseye Maple, Madronna, Vavona, Wenge	188,999	176,998
170VC	5	7	Polished, Satin, Open-pore: Pyramid Mahogany, Burl Walnut, Macassar	196,999	184,998
170VC	5	7	Johann Strauss Satin and Polished Ebony w/Maple	177,999	166,998
170VC	5	7	Johann Strauss Satin Cherry	204,999	192,998
170VC	5	7	Liszt Polished Vavona	211,999	198,998
170VC	5	7	Chopin, Louis XVI Satin Pommele	237,999	224,998
170VC	5	7	Baroque Light Satin Ivory, Vienna Polished Amboyna	268,999	250,998
170VC	5	7	Artisan Satin and Polished	339,999	318,998
185VC CS	6	1	Conservatory Satin Ebony	140,999	132,998
185VC	6	1	Satin and Polished Ebony	155,999	146,998
185VC	6	1	Satin and Polished White, other colors	171,999	160,998
185VC	6	1	Polished, Satin, Open-pore: Walnut, Cherry, Mahogany, Pomele	181,999	170,998
185VC	6	1	Polished, Satin, Open-pore: Birdseye Maple, Madronna, Vavona, Wenge	196,999	184,998
185VC	6	1	Polished, Satin, Open-pore: Pyramid Mahogany, Burl Walnut, Macassar	202,999	190,998
185VC	6	1	Johann Strauss Satin and Polished Ebony w/Maple	183,999	172,998
185VC	6	1	Johann Strauss Satin Cherry	213,999	200,998
185VC	6	1	Liszt Polished Vavona	217,999	204,998
185VC	6	1	Edge Satin and Polished Ebony	242,999	228,998
185VC	6	1	Chopin, Louis XVI Satin Pommele	247,999	232,998
185VC	6	1	Baroque Satin Light Ivory, Vienna Polished Amboyna	272,999	254,998
185VC	6	1	Porsche Design Diamond Black Metallic Gloss	286,999	268,998
185VC	6	1	Artisan Satin and Polished	352,999	330,998
200CS	6	7	Conservatory Satin Ebony	148,999	140,998
200	6	7	Satin and Polished Ebony	166,999	156,998
200	6	7	Satin and Polished White, other colors	185,999	174,998
200	6	7	Polished, Satin, Open-pore: Walnut, Cherry, Mahogany, Pomele	198,999	186,998

Model	Feet	Inches	Description	MSRP	SMP
BÖSENDORFER *(continued)*					
200	6	7	Polished, Satin, Open-pore: Birdseye Maple, Madronna, Vavona, Wenge	213,999	200,998
200	6	7	Polished, Satin, Open-pore: Pyramid Mahogany, Burl Walnut, Macassar	222,999	208,998
200	6	7	Johann Strauss Satin and Polished Ebony w/Maple	196,999	184,998
200	6	7	Johann Strauss Satin Cherry	231,999	218,998
200	6	7	Dragonfly Maple and Polished Ebony	236,999	222,998
200	6	7	Liszt Polished Vavona	236,999	222,998
200	6	7	Klimt "Woman in Gold"	202,999	190,998
200	6	7	Cocteau Polished White	234,999	220,998
200	6	7	Edge Satin and Polished Ebony	269,999	252,998
200	6	7	Chopin, Louis XVI Satin Pommele	272,999	254,998
200	6	7	Baroque Satin Light Ivory, Vienna Polished Amboyna	297,999	278,998
200	6	7	Artisan Satin and Polished	371,999	348,998
214VC CS	7		Conservatory Satin Ebony	160,999	152,998
214VC	7		Satin and Polished Ebony	177,999	166,998
214VC	7		Satin and Polished White, other colors	202,999	190,998
214VC	7		Polished, Satin, Open-pore: Walnut, Cherry, Mahogany, Pomele	213,999	202,998
214VC	7		Polished, Satin, Open-pore: Birdseye Maple, Madronna, Vavona, Wenge	234,999	220,998
214VC	7		Polished, Satin, Open-pore: Pyramid Mahogany, Burl Walnut, Macassar	242,999	228,998
214VC	7		Johann Strauss Satin and Polished Ebony w/Maple	211,999	198,998
214VC	7		Johann Strauss Satin Cherry	260,999	244,998
214VC	7		Liszt Polished Vavona	260,999	244,998
214VC	7		Klimt "Woman in Gold"	213,999	202,998
214VC	7		Cocteau Polished White	251,999	236,998
214VC	7		Edge Satin and Polished Ebony	286,999	272,998
214VC	7		Chopin, Louis XVI Satin Pommele	294,999	276,998
214VC	7		Baroque Satin Light Ivory, Vienna Polished Amboyna	325,999	304,998
214VC	7		Porsche Design Diamond Black Metallic Gloss	343,999	322,998
214VC	7		Audi Design Polished Ebony	415,999	392,998
214VC	7		Artisan Satin and Polished	415,999	392,998
214VC	7		Beethoven 250th Chrome Polished Ebony	234,999	220,998
214VC	7		Beethoven 250th Chrome Polished White	251,999	236,998
214VC	7		Camellia Polished Ebony & Maple w/Marquetry	260,999	244,998
214VC	7		Secession Polished Ebony w/Gold Leaf	277,999	260,998
225	7	4	Satin and Polished Ebony	209,999	196,998
225	7	4	Satin and Polished White, other colors	230,999	216,998
225	7	4	Polished, Satin, Open-pore: Walnut, Cherry, Mahogany, Pomele	247,999	232,998
225	7	4	Polished, Satin, Open-pore: Birdseye Maple, Madronna, Vavona, Wenge	269,999	252,998
225	7	4	Polished, Satin, Open-pore: Pyramid Mahogany, Burl Walnut, Macassar	275,999	258,998
225	7	4	Johann Strauss Satin and Polished Ebony w/Maple	237,999	224,998

Acoustic Piano Model & Pricing Guide

Model	Feet	Inches	Description	MSRP	SMP
BÖSENDORFER *(continued)*					
225	7	4	Johann Strauss Satin Cherry	299,999	280,998
225	7	4	Liszt Polished Vavona	299,999	280,998
225	7	4	Chopin, Louis XVI Satin Pommele	339,999	318,998
225	7	4	Baroque Satin Light Ivory, Vienna Polished Amboyna	371,999	348,998
225	7	4	Artisan Satin and Polished	465,999	436,998
230VC	7	6	Satin and Polished Ebony	211,999	198,998
230VC	7	6	Satin and Polished White, other colors	230,999	216,998
230VC	7	6	Polished, Satin, Open-pore: Walnut, Cherry, Mahogany, Pomele	247,999	232,998
230VC	7	6	Polished, Satin, Open-pore: Birdseye Maple, Madronna, Vavona, Wenge	269,999	252,998
230VC	7	6	Polished, Satin, Open-pore: Pyramid Mahogany, Burl Walnut, Macassar	294,999	276,998
280VC	9	2	Satin and Polished Ebony	262,999	246,998
280VC	9	2	Satin and Polished White, other colors	292,999	274,998
280VC	9	2	Polished, Satin, Open-pore: Walnut, Cherry, Mahogany, Pomele	316,999	296,998
280VC	9	2	Polished, Satin, Open-pore: Birdseye Maple, Madronna, Vavona, Wenge	339,999	318,998
280VC	9	2	Polished, Satin, Open-pore: Pyramid Mahogany, Burl Walnut, Macassar	358,999	334,998
280VC	9	2	Johann Strauss Satin and Polished Ebony w/Maple	310,999	290,998
280VC	9	2	Johann Strauss Satin Cherry	380,999	356,998
280VC	9	2	Liszt Polished Vavona	380,999	356,998
280VC	9	2	Chopin, Louis XVI Satin Pommele	433,999	406,998
280VC	9	2	Baroque Satin Light Ivory, Vienna Polished Amboyna	470,999	444,998
280VC	9	2	Porsche Design Diamond Black Metallic Gloss	499,999	470,998
280VC	9	2	Artisan Satin and Polished	540,999	506,998
290	9	6	Satin and Polished Ebony	306,999	286,998
290	9	6	Satin and Polished White, other colors	336,999	316,998
290	9	6	Polished, Satin, Open-pore: Walnut, Cherry, Mahogany, Pomele	364,999	342,998
290	9	6	Polished, Satin, Open-pore: Birdseye Maple, Madronna, Vavona, Wenge	394,999	370,998
290	9	6	Polished, Satin, Open-pore: Pyramid Mahogany, Burl Walnut, Macassar	409,999	384,998
290	9	6	Johann Strauss Satin and Polished Ebony w/Maple	352,999	330,998
290	9	6	Johann Strauss Satin Cherry	440,999	412,998
290	9	6	Liszt Polished Vavona	440,999	412,998
290	9	6	Chopin, Louis XVI Satin Pommele	499,999	470,998
290	9	6	Baroque Satin Light Ivory, Vienna Polished Amboyna	550,999	516,998
290	9	6	Artisan Satin and Polished	622,999	586,998
Select Grand models			Disklavier Enspire PRO, add	49,999	45,998
Select Grand models			Silent Piano SH2 System, add	18,899	16,398

Model	Feet	Inches	Description	MSRP	SMP

BOSTON
Boston MSRP is the price at the New York retail store.
Verticals

Model		Inches	Description	MSRP	SMP
UP-118E PE		46	Satin and Polished Ebony	13,900	13,900
UP-118E PE		46	Polished Mahogany	15,900	15,900
UP-118E PE		46	Satin and Polished Walnut	15,900	15,900
UP-120S PE		47	Polished Ebony	9,800	9,800
UP-120S PE		47	Satin Walnut	11,500	11,500
UP-126E PE		50	Polished Ebony	16,400	16,400
UP-126E PE		50	Polished Mahogany	19,200	19,200
UP-132E PE		52	Polished Ebony	18,400	18,400

Grands

Model	Feet	Inches	Description	MSRP	SMP
GP-156 PE-II	5	1	Satin and Polished Ebony	25,400	25,400
GP-163 PE-II	5	4	Satin and Polished Ebony	30,700	30,700
GP-163 PE-II	5	4	Satin and Polished Mahogany	33,800	33,800
GP-163 PE-II	5	4	Satin and Polished Walnut	34,200	34,200
GP-163 PE-II	5	4	Polished White	36,300	36,300
GP-178 PE-II	5	10	Satin and Polished Ebony	35,200	35,200
GP-178 PE-II	5	10	Satin and Polished Mahogany	37,900	37,900
GP-178 PE-II	5	10	Satin and Polished Walnut	38,500	38,500
GP-193 PE-II	6	4	Satin and Polished Ebony	46,700	46,700
GP-215 PE-II	7	1	Polished Ebony	60,900	60,900

BRODMANN
Verticals

Model		Inches	Description	MSRP	SMP
CE 118		47	Polished Ebony	11,890	8,180
PE 118V		47	Vienna Polished Ebony	15,490	10,380
PE 121		48	Polished Ebony	14,890	9,980
PE 121		48	Polished Walnut	16,990	11,380
PE 121		48	Polished White	16,990	11,380
PE 121		48	Polished Two Tone (Apple Tree Saphire/Ebony)	17,490	11,580
PE 124V		48	Vienna Polished Ebony	17,790	11,780
PE 124V		48	Vienna Polished Bubinga	19,190	12,580
PE 126I		49	Polished Ebony w/Institutional Wide Music Desk	17,490	11,580
PE 130		52	Polished Ebony	22,190	14,380

Grands

Model	Feet	Inches	Description	MSRP	SMP
CE 148	4	10	Polished Ebony	30,290	19,380
CE 175	5	9	Polished Ebony	36,190	22,980
PE 162	5	4	Polished Ebony	40,590	25,580
PE 162	5	4	Polished Walnut/Walnut Burst	46,890	29,380
PE 162	5	4	Polished White	44,290	27,780
PE 162	5	4	Polished Bubinga	47,990	29,980
PE 187	6	2	Polished Ebony	47,590	29,780
PE 187 V	6	2	Polished Ebony w/Carbon-Fiber Action	49,790	31,180

Acoustic Piano Model & Pricing Guide

Model	Feet	Inches	Description	MSRP	SMP
BRODMANN *(continued)*					
PE 187	6	2	Polished Walnut	53,890	33,580
PE 187	6	2	Strauss Polished Two Tone (Ebony/Bubinga)	53,890	33,580
PE 212	7		Polished Ebony	71,990	44,380
Grands			With Carbon-Fiber Action, add	2,200	1,400

CLINE
Verticals
Model		Inches	Description		SMP
CL118		46.5	Polished Ebony		7,196
CL118		46.5	Polished Walnut/Mahogany		7,616
CL121/123		48	Polished Ebony		8,198
CL121/123		48	Polished Mahogany/Walnut		8,998

Grands
Model	Feet	Inches	Description		SMP
CL 150	4	11	Polished Ebony		14,966

CRISTOFORI
Verticals
Model		Inches	Description	MSRP	SMP
V450		45	Polished Ebony	4,999	4,999
V450		45	Polished Mahogany	5,199	5,199
V465		46.5	Polished Ebony	5,599	5,599
V465		46.5	Polished Snow White	5,799	5,799
V465		46.5	Polished Mahogany	5,799	5,799
V480LS		48	Polished Ebony	6,999	6,576
V480LS		48	Polished Mahogany/Walnut/Snow White	7,299	6,848

Grands
Model	Feet	Inches	Description	MSRP	SMP
G410L	4	10	Polished Ebony	10,990	10,990
G410L	4	10	Polished Mahogany	11,290	11,290
G53L	5	3	Satin Ebony	12,290	11,986
G53L	5	3	Polished Ebony	11,990	11,496
G53L	5	3	Polished Mahogany/Snow White	12,290	12,040
G57L	5	7	Satin Ebony	14,790	13,734
G57L	5	7	Polished Ebony	14,490	13,246
G57L	5	7	Polished Mahogany	14,790	13,734
G62L	6	2	Satin Ebony	18,790	16,420
G62L	6	2	Polished Ebony	18,490	15,986

CUNNINGHAM
Verticals
Model		Inches	Description	MSRP	SMP
50		50	Satin Ebony	12,390	12,390
50		50	Polished Ebony	11,290	11,290
50		50	Satin Mahogany	13,990	13,990
50		50	Polished Mahogany	12,690	12,690

Model	Feet	Inches	Description	MSRP	SMP

CUNNINGHAM *(continued)*
Grands

Model	Feet	Inches	Description	MSRP	SMP
Baby Grand	5		Satin Ebony	22,490	22,490
Baby Grand	5		Polished Ebony	21,290	21,290
Baby Grand	5		Satin Mahogany	23,190	23,190
Baby Grand	5		Polished Mahogany	21,990	21,990
Studio Grand	5	4	Satin Ebony	25,090	25,090
Studio Grand	5	4	Polished Ebony	23,890	23,890
Studio Grand	5	4	Satin Mahogany	25,790	25,790
Studio Grand	5	4	Polished Mahogany	24,590	24,590
Parlour Grand	5	10	Satin Ebony	30,490	30,490
Parlour Grand	5	10	Polished Ebony	29,290	29,290
Parlour Grand	5	10	Satin Mahogany	31,190	31,190
Parlour Grand	5	10	Polished Mahogany	29,990	29,990
Chamber Grand	7		Satin Ebony	46,290	46,290
Chamber Grand	7		Polished Ebony	44,790	44,790
Concert Grand	9		Satin Ebony	70,990	70,990
Concert Grand	9		Polished Ebony	68,990	68,990

DISKLAVIER — see Yamaha; see also Bösendorfer

EMERSON
Price includes adjustable leather-top bench.
Verticals

Model	Feet	Inches	Description	MSRP	SMP
EM8		51	Polished Ebony	28,559	17,320

Grands

Model	Feet	Inches	Description	MSRP	SMP
EM168	5	6	Polished Ebony	72,434	42,390
EM180	5	11	Polished Ebony	85,805	50,032

ESSEX
Essex MSRP is the price at the New York retail store.
Verticals

Model	Feet	Inches	Description	MSRP	SMP
EUP-108C		42	Continental Polished Ebony	7,200	7,200
EUP-111E		44	Polished Ebony	7,900	7,800
EUP-111E		44	Polished Sapele Mahogany	8,400	7,900
EUP-116E		45	Polished Ebony	8,900	8,180
EUP-116E		45	Polished Sapele Mahogany	9,600	8,560
EUP-116E		45	Polished White	9,300	8,560
EUP-116CT		45	Contemporary Satin Lustre Sapele Mahogany	10,100	9,340
EUP-116QA		45	Queen Anne Satin Lustre Cherry	10,100	9,340
EUP-116EC		45	English Country Satin Lustre Walnut	10,100	9,340
EUP-116FF		45	Formal French Satin Lustre Brown Cherry	10,100	9,340

Acoustic Piano Model & Pricing Guide

Model	Feet	Inches	Description	MSRP	SMP

ESSEX (continued)

Model	Feet	Inches	Description	MSRP	SMP
EUP-123E		48	Satin Ebony w/Chrome Hardware	10,800	9,600
EUP-123E		48	Polished Ebony	9,500	8,820
EUP-123E		48	Polished Ebony w/Chrome Hardware	9,600	8,940
EUP-123E		48	Polished Sapele Mahogany	10,900	9,400
EUP-123FL		48	Empire Satin Walnut	10,900	9,760
EUP-123FL		48	Empire Satin Sapele Mahogany	10,900	9,760
EUP-123S		48	Institutional Studio Polished Ebony	9,500	9,200

Grands

Model	Feet	Inches	Description	MSRP	SMP
EGP-155	5	1	Satin and Polished Ebony	15,900	15,900
EGP-155	5	1	Polished White	21,900	18,880
EGP-155F	5	1	French Provincial Satin Lustre Brown Cherry	20,500	20,180
EGP-173	5	8	Polished Ebony	20,900	20,900

ESTONIA

The Estonia factory can make custom-designed finishes with exotic veneers; prices upon request. Prices here include adjustable artist benches.

Grands

Model	Feet	Inches	Description	MSRP	SMP
L168	5	6	Satin Ebony w/Karelian Birch	54,255	45,290
L168	5	6	Polished Ebony w/Karelian Birch	50,470	42,200
L168	5	6	Polished Mahogany	63,087	52,500
L168	5	6	Satin Walnut	65,106	54,148
L168	5	6	Polished Walnut	60,564	50,440
L168	5	6	Polished Bubinga	61,573	51,264
L168	5	6	Polished Pyramid Mahogany	65,611	54,560
L168	5	6	Polished Macassar Ebony	63,087	52,500
L168	5	6	Polished Palisander Rosewood	65,611	54,560
L168	5	6	Satin White w/Karelian Birch	59,680	49,718
L168	5	6	Polished White w/Karelian Birch	55,517	46,320
L168	5	6	Hidden Beauty Polished Ebony w/Bubinga	57,031	47,556
L168	5	6	Hidden Beauty Polished Ebony w/Macassar	58,040	48,380
L168	5	6	Hidden Beauty Polished Ebony w/Karelian Birch	58,040	48,380
L168	5	6	Hidden Beauty Polished Ebony w/Burled Walnut	65,928	54,818
L190	6	3	Satin Ebony w/Karelian Birch	65,788	54,704
L190	6	3	Polished Ebony w/Karelian Birch	61,198	50,958
L190	6	3	Polished Ebony w/Macassar	64,258	53,456
L190	6	3	Polished Mahogany	76,498	63,446
L190	6	3	Satin Walnut	78,945	65,446
L190	6	3	Polished Walnut	73,438	60,950
L190	6	3	Polished Bubinga	74,662	61,948
L190	6	3	Polished Pyramid Mahogany	79,557	65,944
L190	6	3	Polished Macassar Ebony	76,498	63,446
L190	6	3	Polished Palisander Rosewood	79,557	65,944
L190	6	3	Satin White w/Karelian Birch	72,367	60,074

Model	Feet	Inches	Description	MSRP	SMP
ESTONIA *(continued)*					
L190	6	3	Polished White w/Karelian Birch	67,318	55,954
L190	6	3	Hidden Beauty Polished Ebony w/Bubinga	69,154	57,452
L190	6	3	Hidden Beauty Polished Ebony w/Macassar	70,378	58,452
L190	6	3	Hidden Beauty Polished Ebony w/Karelian Birch	70,378	58,452
L190	6	3	Hidden Beauty Polished Ebony w/Burled Walnut	79,942	66,258
L210	6	10	Satin Ebony w/Karelian Birch	81,929	67,880
L210	6	10	Polished Ebony w/Karelian Birch	76,213	63,214
L210	6	10	Polished Ebony w/Macassar	80,023	66,326
L210	6	10	Polished Mahogany	95,266	78,768
L210	6	10	Satin Walnut	98,314	81,256
L210	6	10	Polished Walnut	91,455	75,658
L210	6	10	Polished Bubinga	92,979	76,902
L210	6	10	Polished Pyramid Mahogany	99,076	81,878
L210	6	10	Polished Macassar Ebony	95,266	78,768
L210	6	10	Polished Palisander Rosewood	99,076	81,878
L210	6	10	Satin White w/Karelian Birch	90,121	74,568
L210	6	10	Polished White w/Karelian Birch	83,834	69,436
L210	6	10	Hidden Beauty Polished Ebony w/Bubinga	86,120	71,302
L210	6	10	Hidden Beauty Polished Ebony w/Macassar	87,644	72,546
L210	6	10	Hidden Beauty Polished Ebony w/Karelian Birch	87,644	72,546
L210	6	10	Hidden Beauty Polished Ebony w/Burled Walnut	99,555	82,270
L225	7	4	Polished Ebony w/Karelian Birch	90,588	74,950
L225	7	4	Polished Ebony w/Macassar	95,117	78,646
L225	7	4	Polished Mahogany	113,234	93,436
L225	7	4	Polished Walnut	108,705	89,738
L225	7	4	Polished Bubinga	110,517	91,218
L225	7	4	Polished Pyramid Mahogany	117,764	97,134
L225	7	4	Polished Palisander Rosewood	117,764	97,134
L225	7	4	Polished White w/Karelian Birch	99,646	82,344
L225	7	4	Hidden Beauty Polished Ebony w/Bubinga	102,364	84,562
L225	7	4	Hidden Beauty Polished Ebony w/Macassar	104,176	86,042
L274	9		Polished Ebony w/Karelian Birch	129,540	106,746
L274	9		Polished Mahogany	164,515	135,298
L274	9		Polished Walnut	161,925	133,184
L274	9		Polished Pyramid Mahogany	172,288	141,644
L274	9		Polished White w/Karelian Birch	148,971	122,608
All models			Queen Anne or Victorian style, add approx.	7,000	5,700

FANDRICH & SONS

These are the prices on the Fandrich & Sons website. Other finishes available at additional cost. See website for details.

Verticals

Model			Description	MSRP	SMP
EU118S		46	Polished Ebony	5,790	5,790
EU131V		52	Polished Ebony w/Fandrich action	12,990	12,990

Acoustic Piano Model & Pricing Guide

Model	Feet	Inches	Description	MSRP	SMP

FANDRICH & SONS *(continued)*
Grands

Model	Feet	Inches	Description	MSRP	SMP
160-S	5	3	Polished Ebony	14,650	14,650
170-S	5	7	Polished Ebony	16,995	16,995
188-S	6	2	Polished Ebony	19,950	19,950
212-E	7		Polished Ebony	32,650	32,650

FAZIOLI

Fazioli is willing to make custom-designed cases with exotic veneers, marquetry, and other embellishments. Prices on request to Fazioli.

Grands

Model	Feet	Inches	Description	MSRP	SMP
F156	5	2	Satin and Polished Ebony	135,100	135,100
F156	5	2	Satin and Polished White/Red	155,400	155,400
F156	5	2	Satin and Polished Walnut/Cherry/Mahogany	168,900	168,900
F156	5	2	Satin and Polished Pyramid Mahogany/Macassar	189,200	189,200
F156	5	2	Satin and Polished Briers: Mahogany/California Walnut/Sequoia	202,700	202,700
F156	5	2	Satin and Polished Olive	212,900	212,900
F183	6		Satin and Polished Ebony	138,300	138,300
F183	6		Satin and Polished White/Red	159,100	159,100
F183	6		Satin and Polished Walnut/Cherry/Mahogany	172,800	172,800
F183	6		Satin and Polished Pyramid Mahogany/Macassar	193,600	193,600
F183	6		Satin and Polished Briers: Mahogany/California Walnut/Sequoia	207,400	207,400
F183	6		Satin and Polished Olive	217,800	217,800
F212	7		Satin and Polished Ebony	157,500	157,500
F212	7		Satin and Polished White/Red	173,400	173,400
F212	7		Satin and Polished Walnut/Cherry/Mahogany	188,900	188,900
F212	7		Satin and Polished Pyramid Mahogany/Macassar	205,100	205,100
F212	7		Satin and Polished Briers: Mahogany/California Walnut/Sequoia	220,400	220,400
F212	7		Satin and Polished Olive	231,600	231,600
F228	7	6	Satin and Polished Ebony	182,700	182,700
F228	7	6	Satin and Polished White/Red	200,900	200,900
F228	7	6	Satin and Polished Walnut/Cherry/Mahogany	219,400	219,400
F228	7	6	Satin and Polished Pyramid Mahogany/Macassar	237,500	237,500
F228	7	6	Satin and Polished Briers: Mahogany/California Walnut/Sequoia	255,700	255,700
F228	7	6	Satin and Polished Olive	268,500	268,500
F278	9	2	Satin and Polished Ebony	245,900	245,900
F278	9	2	Satin and Polished White/Red	270,300	270,300
F278	9	2	Satin and Polished Walnut/Cherry/Mahogany	295,000	295,000
F278	9	2	Satin and Polished Pyramid Mahogany/Macassar	319,400	319,400
F278	9	2	Satin and Polished Briers: Mahogany/California Walnut/Sequoia	344,100	344,100
F278	9	2	Satin and Polished Olive	361,500	361,500
F308	10	2	Satin and Polished Ebony	261,700	261,700

Model	Feet	Inches	Description	MSRP	SMP

FAZIOLI *(continued)*

Model	Feet	Inches	Description	MSRP	SMP
F308	10	2	Satin and Polished White/Red	288,000	288,000
F308	10	2	Satin and Polished Walnut/Cherry/Mahogany	314,000	314,000
F308	10	2	Satin and Polished Pyramid Mahogany/Macassar	340,200	340,200
F308	10	2	Satin and Polished Briers: Mahogany/California Walnut/Sequoia	366,500	366,500
F308	10	2	Satin and Polished Olive	384,700	384,700

FÖRSTER, AUGUST
Prices do not include bench. Euro = $1.22

Verticals

Model		Inches	Description		Price
116 C		46	Chippendale Polished Ebony		36,700
116 C		46	Chippendale Polished Mahogany/Walnut		39,000
116 C		46	Chippendale Satin Ebony w/Carvings		34,500
116 C		46	Chippendale Satin Mahogany/Walnut w/Carvings		36,500
116 D		46	Continental Satin Ebony		24,400
116 D		46	Continental Polished Ebony		26,800
116 D		46	Continental Satin Mahogany/Walnut/Oak/Cherry		26,600
116 D		46	Continental Polished Mahogany/Walnut/Oak/Cherry		29,200
116 D		46	Continental Satin Beech		24,380
116 D		46	Continental Polished White with bench		29,000
116 E		46	Satin Ebony		28,800
116 E		46	Polished Ebony		31,100
116 E		46	Satin Mahogany/Walnut/Oak/Cherry		30,900
116 E		46	Polished Mahogany/Walnut/Oak/Cherry		33,400
116 E		46	Satin Beech		29,200
116 E		46	Polished White with bench		33,200
125 F		49	Polished Ebony		35,600
125 G		49	Satin Ebony		32,600
125 G		49	Polished Ebony		34,900
125 G		49	Satin Mahogany/Walnut/Oak/Cherry		35,300
125 G		49	Polished Mahogany/Walnut/Oak/Cherry		38,000
125 G		49	Satin Beech		33,000
125 G		49	Polished White with bench		37,500
125 G		49	With Oval Medallion, add		1,600
134 K		53	Polished Ebony		53,200

Grands

Model	Feet	Inches	Description		Price
170	5	8	Satin Ebony		67,400
170	5	8	Polished Ebony		72,000
170	5	8	Satin Mahogany/Walnut/Cherry		71,800
170	5	8	Polished Mahogany/Walnut/Cherry		76,100
170	5	8	Polished White with bench		77,600
170	5	8	Chippendale Satin Walnut		116,800
170	5	8	Antik Satin Walnut		140,600
170	5	8	Classik Polished Ebony		82,200

Acoustic Piano Model & Pricing Guide

Model	Feet	Inches	Description	MSRP	SMP

FÖRSTER, AUGUST (continued)

Model	Feet	Inches	Description	MSRP	SMP
170	5	8	Classik Polished Mahogany/Walnut		94,200
170	5	8	Classik Polished White with bench		87,800
190	6	4	Satin Ebony		76,200
190	6	4	Polished Ebony		80,900
190	6	4	Satin Mahogany/Walnut/Cherry		80,400
190	6	4	Polished Mahogany/Walnut/Cherry		84,800
190	6	4	Polished White with bench		86,400
190	6	4	Chippendale Satin Walnut		125,500
190	6	4	Antik Satin Walnut		157,900
190	6	4	Classik Polished Ebony		90,900
190	6	4	Classik Polished Mahogany/Walnut		106,000
190	6	4	Classik Polished White with bench		96,600
190	6	4	Rokoko Polished White with bench		250,000
215	7	2	Polished Ebony		96,500
215	7	2	Satin Mahogany/Walnut/Cherry		101,400
215	7	2	Polished Mahogany/Walnut/Cherry		105,600
215	7	2	Polished White with bench		107,200
275	9	1	Polished Ebony		172,000
275	9	1	Polished White with bench		183,000

GEYER, A.
Verticals

Model			Description	MSRP	SMP
GU 115		45	Polished Ebony	6,185	4,990
GU 115		45	Polished Mahogany/Walnut	6,685	5,290
GU 115		45	Polished White	6,485	5,190
GU 123		47	Polished Ebony	6,785	5,390
GU 123		47	Polished Mahogany/Walnut	7,235	5,690
GU 123		47	Polished White	7,085	5,590
GU 133		52	Polished Ebony	7,685	5,990
GU 133		52	Polished Mahogany/Walnut	8,285	6,390
GU 133		52	Polished White	7,985	6,190

Grands

Model	Feet	Inches	Description	MSRP	SMP
GG 150	4	11	Polished Ebony	12,785	9,590
GG 150	4	11	Polished Mahogany/Walnut	13,685	9,990
GG 150	4	11	Polished White	13,235	9,870
GG 160	5	3	Polished Ebony	14,535	10,590
GG 160	5	3	Polished Mahogany/Walnut	15,285	10,990
GG 160	5	3	Polished White	15,035	10,890
GG 170	5	7	Polished Ebony	16,385	11,790
GG 170	5	7	Polished Mahogany/Walnut	16,715	12,010
GG 170	5	7	Polished White	16,835	12,090
GG 185	6	1	Polished Ebony	18,785	13,390
GG 185	6	1	Polished Mahogany/Walnut	19,585	13,990
GG 185	6	1	Polished White	19,385	13,790
GG 230	7	7	Polished Ebony	29,225	25,990

Model	Feet	Inches	Description	MSRP	SMP

GROTRIAN
Sostenuto included with Grotrian vertical models G-124 and G-132, and all Grotrian grand models.

Grotrian Verticals

Model			Description	MSRP	SMP
Concerto G-124		49	Polished Ebony	60,840	41,560
Concerto G-132		52	Polished Ebony	76,005	51,670

Wilhelm Grotrian Verticals

Model			Description	MSRP	SMP
WG-23		48.5	Polished Ebony	17,205	12,470
WG-26		49.5	Polished Ebony	18,855	13,570
WG-32		52	Polished Ebony	21,840	15,560

Wilhelm Grotrian Studio Verticals

Model			Description	MSRP	SMP
WGS-116		46	Polished Ebony	9,930	7,620
WGS-120		47	Polished Ebony	11,250	8,500
WGS-122		48	Polished Ebony	12,600	9,400
WGS-125		49	Polished Ebony	13,950	10,300

Grotrian Grands

Model	Feet	Inches	Description	MSRP	SMP
Concerto G-165	5	5	(Chambre) Polished Ebony	112,500	76,000
Concerto G-192	6	3	(Cabinet) Polished Ebony	131,970	88,980
Concerto G-208	6	10	(Charis) Polished Ebony	142,500	96,000
Concerto G-277	9	1	(Concert Royal) Polished Ebony	241,050	161,700

Wilhelm Grotrian Studio Grands

Model	Feet	Inches	Description	MSRP	SMP
WGS-152	5		Polished Ebony	27,750	19,500
WGS-165	5	5	Polished Ebony	33,360	23,240

HAESSLER
Prices do not include bench.

Verticals

Model			Description	MSRP	SMP
H 118		47	Polished Ebony	28,813	26,958
H 118		47	Satin Mahogany/Walnut	30,152	28,164
H 118		47	Polished Mahogany/Walnut	34,972	32,506
H 118		47	Satin Cherry	30,687	28,646
H 118		47	Polished Cherry	35,507	32,988
H 118		47	Satin Oak/Beech	28,598	26,764
H 118		47	Polished White	31,490	29,369
H 118		47	Polished Bubinga	35,775	33,230
H 118		47	Satin Mahogany w/Vavona Inlay	32,294	30,094
H 118		47	Polished Mahogany w/Vavona Inlay	36,578	33,953
H 118		47	Polished Burl Walnut	36,310	33,712
H 118		47	Satin Burl Walnut w/Walnut Inlay	32,294	30,094
H 118		47	Polished Burl Walnut w/Walnut Inlay	36,578	33,953
H 118		47	Satin Cherry and Yew	32,401	30,190
H 118		47	Polished Cherry and Yew	36,578	33,953
H 124		49	Polished Ebony	31,490	29,369
H 124		49	Satin Mahogany/Walnut	32,669	30,432

Acoustic Piano Model & Pricing Guide

Model	Feet	Inches	Description	MSRP	SMP

HAESSLER *(continued)*

Model	Feet	Inches	Description	MSRP	SMP
H 124		49	Polished Mahogany/Walnut	37,649	34,918
H 124		49	Satin Cherry	32,829	30,576
H 124		49	Polished Cherry	38,185	35,401
H 124		49	Satin Oak/Beech	32,562	30,335
H 124		49	Polished White	34,168	31,782
H 124		49	Polished Bubinga	38,453	35,642
H 124		49	Polished Pyramid Mahogany	42,576	39,357
H 124		49	Satin Mahogany w/Vavona Inlay	34,436	32,023
H 124		49	Polished Mahogany w/Vavona Inlay	40,595	37,572
H 124		49	Polished Burl Walnut	42,041	38,875
H 124		49	Satin Burl Walnut w/Walnut Inlay	34,436	32,023
H 124		49	Polished Burl Walnut w/Walnut Inlay	40,595	37,572
H 124		49	Satin Cherry and Yew	34,436	32,023
H 124		49	Polished Cherry and Yew	42,041	38,875
K 124		49	Polished Ebony	34,061	31,686
K 124		49	Satin Mahogany/Walnut	35,239	32,747
K 124		49	Polished Mahogany/Walnut	40,220	37,234
K 124		49	Satin Cherry	35,400	32,892
K 124		49	Polished Cherry	40,755	37,716
K 124		49	Satin Oak/Beech	35,132	32,650
K 124		49	Polished White	36,739	34,098
K 124		49	Polished Bubinga	41,023	37,958
K 124		49	Polished Pyramid Mahogany	45,147	41,673
K 124		49	Satin Mahogany w/Vavona Inlay	37,007	34,340
K 124		49	Polished Mahogany w/Vavona Inlay	43,165	39,887
K 124		49	Polished Burl Walnut	44,611	41,190
K 124		49	Satin Burl Walnut w/Walnut Inlay	37,007	34,340
K 124		49	Polished Burl Walnut w/Walnut Inlay	43,165	39,887
K 124		49	Satin Cherry and Yew	37,007	34,340
K 124		49	Polished Cherry and Yew	44,611	41,190
H 132		52	Polished Ebony	35,239	32,747
H 132		52	Satin Mahogany/Walnut	35,775	33,230
H 132		52	Polished Mahogany/Walnut	41,130	38,054
H 132		52	Satin Cherry	37,382	34,677
H 132		52	Polished Cherry	41,666	38,537
H 132		52	Polished White	37,917	35,159
H 132		52	Polished Bubinga	42,201	39,019
H 132		52	Palisander Rosewood	44,611	41,190
H 132		52	Polished Pyramid Mahogany	45,683	42,156
H 132		52	Satin Mahogany w/Vavona Inlay	39,256	36,366
H 132		52	Polished Mahogany w/Vavona Inlay	44,611	41,190
H 132		52	Polished Burl Walnut	44,611	41,190
H 132		52	Satin Burl Walnut w/Walnut Inlay	39,256	36,366
H 132		52	Polished Burl Walnut w/Walnut Inlay	44,611	41,190
H 132		52	Satin Cherry and Yew	39,256	36,366

Model	Feet	Inches	Description	MSRP	SMP

HAESSLER *(continued)*

Model	Feet	Inches	Description	MSRP	SMP
H 132		52	Polished Cherry and Yew	44,611	41,190
K 132		52	Polished Ebony	38,828	35,980
K 132		52	Satin Mahogany/Walnut	39,363	36,462
K 132		52	Polished Mahogany/Walnut	44,719	41,287
K 132		52	Satin Cherry	40,970	37,910
K 132		52	Polished Cherry	45,254	41,769
K 132		52	Polished White	41,505	38,392
K 132		52	Polished Bubinga	45,790	42,252
K 132		52	Palisander Rosewood	48,200	44,423
K 132		52	Polished Pyramid Mahogany	49,271	45,388
K 132		52	Satin Mahogany w/Vavona Inlay	42,844	39,598
K 132		52	Polished Mahogany w/Vavona Inlay	48,200	44,423
K 132		52	Polished Burl Walnut	48,200	44,423
K 132		52	Satin Burl Walnut w/Walnut Inlay	42,844	39,598
K 132		52	Polished Burl Walnut w/Walnut Inlay	48,200	44,423
K 132		52	Satin Cherry and Yew	42,844	39,598
K 132		52	Polished Cherry and Yew	48,200	44,423

Grands

Model	Feet	Inches	Description	MSRP	SMP
H 175	5	8	Polished Ebony	91,490	83,423
H 175	5	8	Satin Mahogany/Walnut	98,352	89,605
H 175	5	8	Polished Mahogany/Walnut	107,594	97,932
H 175	5	8	Satin Cherry	97,529	88,864
H 175	5	8	Polished Cherry	110,110	100,198
H 175	5	8	Polished White	97,895	89,194
H 175	5	8	Polished Bubinga	112,123	102,012
H 175	5	8	Palisander Rosewood	117,659	106,999
H 175	5	8	Polished Pyramid Mahogany	123,195	111,986
H 175	5	8	Polished Mahogany w/Vavona Inlay	134,769	122,414
H 175	5	8	Polished Burl Walnut	120,175	109,266
H 175	5	8	Polished Burl Walnut w/Walnut Inlay	134,769	122,414
H 175	5	8	Satin Cherry and Yew	127,724	116,067
H 175	5	8	Polished Cherry and Yew	134,769	122,414
H 175	5	8	Classic Alexandra Polished Ebony	108,543	98,786
H 175	5	8	Classic Alexandra Polished Walnut	124,490	113,153
H 175	5	8	Classic Alexandra Burl Walnut	136,950	124,378
H 175	5	8	Classic Alexandra Palisander Rosewood	134,458	122,133
H 175	5	8	Louis XIV Satin White w/Gold	174,426	158,141
H 175	5	8	Satin and Polished Louis XV Mahogany	133,461	121,235
H 175	5	8	Ambassador Palisander Rosewood	164,459	149,161
H 175	5	8	Ambassador Walnut	159,475	144,671
H 186	6	1	Polished Ebony	97,026	88,411
H 186	6	1	Satin Mahogany/Walnut	104,303	94,967
H 186	6	1	Polished Mahogany/Walnut	113,130	102,919
H 186	6	1	Satin Cherry	103,065	93,851

Acoustic Piano Model & Pricing Guide

Model	Feet	Inches	Description	MSRP	SMP
HAESSLER *(continued)*					
H 186	6	1	Polished Cherry	115,646	105,186
H 186	6	1	Polished White	103,818	94,530
H 186	6	1	Polished Bubinga	120,679	109,720
H 186	6	1	Palisander Rosewood	123,195	111,986
H 186	6	1	Polished Pyramid Mahogany	130,743	118,786
H 186	6	1	Polished Mahogany w/Vavona Inlay	140,305	127,401
H 186	6	1	Polished Burl Walnut	125,711	114,253
H 186	6	1	Polished Burl Walnut w/Walnut Inlay	140,305	127,401
H 186	6	1	Satin Cherry and Yew	122,188	111,079
H 186	6	1	Polished Cherry and Yew	140,305	127,401
H 186	6	1	Classic Alexandra Polished Ebony	114,025	103,725
H 186	6	1	Classic Alexandra Polished Walnut	129,972	118,092
H 186	6	1	Classic Alexandra Burl Walnut	142,431	129,316
H 186	6	1	Classic Alexandra Palisander Rosewood	139,940	127,072
H 186	6	1	Louis XIV Satin White w/Gold	179,410	162,631
H 186	6	1	Satin and Polished Louis XV Mahogany	138,943	126,174
H 186	6	1	Ambassador Palisander Rosewood	179,410	162,631
H 186	6	1	Ambassador Walnut	174,426	158,141
H 210	6	10	Polished Ebony	112,979	102,783
H 210	6	10	Satin Mahogany/Walnut	121,452	110,416
H 210	6	10	Polished Mahogany/Walnut	133,662	121,416
H 210	6	10	Satin Cherry	122,792	111,623
H 210	6	10	Polished Cherry	135,776	123,321
H 210	6	10	Polished White	120,887	109,907
H 210	6	10	Polished Bubinga	137,789	125,134
H 210	6	10	Palisander Rosewood	148,357	134,655
H 210	6	10	Polished Pyramid Mahogany	155,906	141,456
H 210	6	10	Polished Mahogany w/Vavona Inlay	165,971	150,523
H 210	6	10	Polished Burl Walnut	145,841	132,388
H 210	6	10	Polished Burl Walnut w/Walnut Inlay	165,971	150,523
H 210	6	10	Satin Cherry and Yew	145,942	132,479
H 210	6	10	Polished Cherry and Yew	165,971	150,523
H 210	6	10	Classic Alexandra Polished Ebony	129,823	117,958
H 210	6	10	Classic Alexandra Polished Walnut	150,306	136,411
H 210	6	10	Classic Alexandra Burl Walnut	162,366	147,276
H 210	6	10	Classic Alexandra Palisander Rosewood	164,858	149,521
H 210	6	10	Louis XIV Satin White w/Gold	219,279	198,549
H 210	6	10	Satin and Polished Louis XV Mahogany	154,741	140,406
H 210	6	10	Ambassador Palisander Rosewood	194,361	176,100
H 210	6	10	Ambassador Walnut	189,377	171,610

Model	Feet	Inches	Description	MSRP	SMP
HAILUN					
Verticals					
HU120		47.5	Polished Ebony	15,901	10,086
HU121		48	Polished Ebony	16,657	10,518
HU121		48	Polished Mahogany/Walnut	17,735	11,134
HU121		48	Chippendale Polished Mahogany/Walnut	18,225	11,414
HU1P		48	Polished Ebony	19,579	12,188
HU1EP		48	Polished Ebony w/Mahogany Accents	21,109	13,062
HU1EP		48	iPiano Hybrid, Polished Ebony w/Mahogany Accents	40,177	23,958
HU1EP		48	iPiano Hybrid, Polished White	40,177	23,958
HU5P		50	Polished Ebony	24,255	14,860
HU5P		50	Polished Ebony with Nickel Trim	25,064	15,322
HU5P		50	Polished Mahogany	25,064	15,322
HU7P		52	Polished Ebony w/Sostenuto	30,587	18,478
Grands					
HG150	4	10	Andante Polished Ebony	35,060	21,034
HG151	4	11.5	Polished Ebony	42,042	25,024
HG151	4	11.5	Polished Mahogany/Walnut/White	44,097	26,198
HG151C	4	11.5	Chippendale Polished Mahogany/Walnut	34,265	26,480
HG161	5	4	Polished Ebony	46,281	27,446
HG161	5	4	Polished Mahogany/Walnut/White	48,486	28,706
HG161G	5	4	Georgian Polished Mahogany/Walnut	37,730	29,154
HG178	5	10	Polished Ebony	56,326	33,186
HG178	5	10	Polished Mahogany/Walnut/White	58,797	34,598
HG178B	5	10	Baroque Polished Ebony w/Birds-Eye Maple Accents	46,200	36,000
HG198	6	5	Emerson Polished Ebony	81,515	47,580
HG198	6	5	Emerson Polished Mahogany/Walnut/White	83,297	48,598
HG218	7	2	Paulello Polished Ebony	110,887	64,364

Model	Feet	Inches	Description	MSRP	SMP
HALLET, DAVIS & CO.					
Heritage Collection Verticals					
H108		43	Continental Polished Ebony	5,295	4,300
H117H		46	Polished Ebony	5,950	4,500
H117H		46	Polished Mahogany	6,150	4,590
H118F		46	Demi-Chippendale Polished Ebony	5,995	4,700
H118F		46	Demi-Chippendale Polished Mahogany	6,195	4,790
Signature Collection Verticals					
HS109D		43	Continental Polished Ebony	5,895	4,700
HS109D		43	Continental Polished Mahogany	6,195	4,900
HS115M2		45	Classic Studio Polished Ebony	7,395	4,990
HS115M2		45	Classic Studio Polished Mahogany/Walnut/White	7,595	5,190
HS118M		46.5	Polished Ebony	7,795	5,390
HS118M		46.5	Polished Mahogany/Walnut/White	7,995	5,590

Acoustic Piano Model & Pricing Guide

Model	Feet	Inches	Description	MSRP	SMP
HALLET, DAVIS & CO. *(continued)*					
HS121S		48	Polished Ebony	8,995	5,790
HS121S		48	Polished Mahogany/Walnut/White	9,295	5,990
HS131Y		52	Polished Ebony	9,895	6,790
Heritage Collection Grands					
H142C	4	7	Polished Ebony	13,195	9,390
Signature Collection Grands					
HS148	4	10	Satin Ebony	15,695	10,390
HS148	4	10	Polished Ebony	14,995	9,790
HS148	4	10	Polished Ebony w/Silver Plate	15,695	10,390
HS148	4	10	Polished Mahogany/Walnut/White	15,695	10,390
HS148	4	10	Polished White w/Silver Plate	16,495	10,990
HS160	5	3	Satin Ebony	16,995	11,590
HS160	5	3	Polished Ebony	16,495	10,990
HS160	5	3	Polished Ebony w/Silver Plate	16,995	11,590
HS160	5	3	Polished Mahogany/Walnut/White	16,995	11,590
HS170	5	7	Satin Ebony	17,995	12,790
HS170	5	7	Polished Ebony	17,495	12,190
HS170	5	7	Polished Mahogany/Walnut/White	17,995	12,790
HS188	6	2	Satin Ebony	20,995	15,390
HS188	6	2	Polished Ebony	20,495	14,790
HS188	6	2	Polished Mahogany/Walnut	20,995	15,390
HS212	7		Polished Ebony	29,995	28,990

Model	Feet	Inches	Description	MSRP	SMP
HARDMAN, PECK & CO.					
Performance Series Verticals					
R110S		44	Polished Ebony	5,495	4,310
R110S		44	Polished Mahogany	5,695	4,390
R115LS		45	Polished Ebony	5,995	4,510
R115LS		45	Polished Mahogany	6,195	4,590
R116		46	School Polished Ebony	6,695	4,990
R116		46	School Satin Cherry	6,895	5,110
R117XK		46	Chippendale Polished Mahogany	6,695	4,910
R120LS		48	Polished Ebony	6,495	4,910
R120LS		48	Polished Mahogany	6,695	4,990
R132HA		52	Polished Ebony	9,495	6,490
Concert Series Verticals					
R110C		44	Polished Ebony	5,795	4,590
R110C		44	Polished Mahogany	5,995	4,790
R115GC		45	Polished Ebony	6,595	4,790
R115GC		45	Polished Mahogany	6,995	4,990
R123C		49	Polished Ebony	7,295	5,390
R123C		49	Polished Mahogany	7,595	5,590

Model	Feet	Inches	Description	MSRP	SMP

HARDMAN, PECK & CO. *(continued)*
Performance Series Grands

Model	Feet	Inches	Description	MSRP	SMP
R143S	4	8	Polished Ebony	13,895	9,390
R143S	4	8	Polished Mahogany	14,995	9,790
R143F	4	8	French Provincial Polished Mahogany	15,395	10,190
R150S	5		Polished Ebony	15,995	9,990
R158S	5	3	Polished Ebony	16,795	10,590
R158S	5	3	Polished Mahogany	17,495	10,990
R168S	5	7	Polished Ebony	18,195	11,390
R168S	5	7	Polished Mahogany	18,995	11,790
R185S	6	1	Polished Ebony	20,995	13,190
R185S	6	1	Polished Mahogany	22,395	13,790

Concert Series Grands

Model	Feet	Inches	Description	MSRP	SMP
R146C	4	10	Polished Ebony	14,595	9,390
R146C	4	10	Polished Mahogany	15,395	9,990
R165C	5	5	Polished Ebony	18,495	11,390
R165C	5	5	Polished Mahogany	19,495	11,990

HOFFMANN, W.
Vision Series Verticals

Model	Feet	Inches	Description	MSRP	SMP
V2		45	Polished Ebony	14,900	14,900
V120		47.5	Polished Ebony	15,900	15,900
V126		49.6	Polished Ebony	16,900	16,900
V131		51.5	Polished Ebony	18,900	18,900

Tradition Series Verticals

Model	Feet	Inches	Description	MSRP	SMP
T122		48	Polished Ebony	18,900	18,900
T122		48	Satin and Polished Mahogany/Walnut	22,900	22,900
T122		48	Polished White	20,900	20,900
T128		50.4	Polished Ebony	19,900	19,900
T128		50.4	Satin and Polished Mahogany/Walnut	23,900	23,900
T128		50.4	Polished White	21,900	21,900

Professional Series Verticals

Model	Feet	Inches	Description	MSRP	SMP
P114		45	Polished Ebony w/Chrome Hardware	19,900	19,900
P114		45	Polished White w/Chrome Hardware	21,900	21,900
P120		47.5	Polished Ebony w/Chrome Hardware	20,900	20,900
P120		47.5	Polished White w/Chrome Hardware	22,900	22,900
P126		49.6	Polished Ebony w/Chrome Hardware	22,900	22,900

Vision Series Grands

Model	Feet	Inches	Description	MSRP	SMP
V158	5	2	Polished Ebony	33,900	33,900
V158	5	2	Polished Mahogany/Walnut	38,900	38,900
V158	5	2	Polished White	36,900	36,900
V175	5	9	Polished Ebony	37,900	37,900

Acoustic Piano Model & Pricing Guide

Model	Feet	Inches	Description	MSRP	SMP

HOFFMANN, W. *(continued)*

Model	Feet	Inches	Description	MSRP	SMP
V175	5	9	Polished Walnut/Mahogany	43,900	43,900
V175	5	9	Polished White	41,900	41,900
V183	6		Polished Ebony	40,900	40,900
V183	6		Polished Walnut/Mahogany	46,900	46,900
V183	6		Polished White	44,900	44,900

Tradition Series Grands

Model	Feet	Inches	Description	MSRP	SMP
T161	5	3	Polished Ebony	46,900	46,900
T161	5	3	Polished Mahogany/Walnut	52,900	52,900
T161	5	3	Polished White	50,900	50,900
T177	5	10	Polished Ebony	50,900	50,900
T177	5	10	Polished Mahogany/Walnut	57,900	57,900
T177	5	10	Polished White	55,900	55,900
T186	6	1	Polished Ebony	57,900	57,900
T186	6	1	Polished Mahogany/Walnut	64,900	64,900
T186	6	1	Polished White	62,900	62,900

Professional Series Grands

Model	Feet	Inches	Description	MSRP	SMP
P162	5	4	Polished Ebony w/Chrome Hardware	56,900	56,900
P188	6	2	Polished Ebony w/Chrome Hardware	61,900	61,900
P206	6	9	Polished Ebony w/Chrome Hardware	69,900	69,900

HUPFELD

Studio Edition Verticals

Model	Inches	Description	MSRP	SMP
P112	44	Polished Ebony	6,475	6,475
P118	46.5	Polished Ebony	6,740	6,712
P118	46.5	Polished White	6,880	6,831
P125	49	Polished Ebony	8,226	7,971

Europe Edition Verticals

Model	Inches	Description	MSRP	SMP
P116E	46	Polished Ebony	9,599	9,532
P116E	46	Satin Mahogany/Walnut	10,498	10,332
P116E	46	Satin Cherry	11,403	11,136
P116E	46	Polished Mahogany/Walnut	10,198	10,065
P116E	46	Polished Cherry/White	11,403	11,136
P122E	48	Polished Ebony	10,650	10,467
P122E	48	Satin Mahogany/Walnut	11,950	11,622
P122E	48	Satin Cherry	12,457	12,073
P122E	48	Polished Mahogany/Walnut	11,252	11,002
P122E	48	Polished Cherry	12,150	11,800
P122E	48	Polished Bubinga	13,330	12,849
P122E	48	Polished White	12,457	12,073
P132E	52	Polished Ebony	11,282	11,028
P132E	52	Satin Mahogany/Walnut	12,595	12,196
P132E	52	Satin Cherry	14,206	13,628
P132E	52	Polished Mahogany/Walnut	11,885	11,564

Model	Feet	Inches	Description	MSRP	SMP

HUPFELD *(continued)*

Model	Feet	Inches	Description	MSRP	SMP
P132E		52	Polished Cherry/White	13,089	12,635
P132E		52	Polished Bubinga	15,740	14,991

Studio Edition Grands

Model	Feet	Inches	Description	MSRP	SMP
F 148	4	10	Polished Ebony	18,029	17,026
F 148	4	10	Polished Mahogany/Walnut	19,079	17,959
F 148	4	10	Polished White	18,279	17,248
F 160	5	3	Polished Ebony	20,829	19,515
F 160	5	3	Polished Mahogany/Walnut	21,689	20,279
F 160	5	3	Polished White	21,531	20,139
F 188	6	2	Polished Ebony	29,756	27,450
F 188	6	2	Polished Mahogany/Walnut	30,370	27,996
F 188	6	2	Polished White	30,458	28,074
F 213	7		Polished Ebony	34,409	31,586
F 213	7		Polished White	38,391	35,125

Europe Edition Grands

Model	Feet	Inches	Description	MSRP	SMP
F 160E	5	3	Polished Ebony	32,919	30,261
F 160E	5	3	Polished Mahogany/Walnut	35,585	32,631
F 160E	5	3	Polished Cherry/Bubinga/White	38,345	35,084
F 175E	5	9	Polished Ebony	36,374	33,332
F 175E	5	9	Polished Mahogany/Walnut	45,838	41,745
F 175E	5	9	Polished Bubinga/White	48,598	44,198
F 190E	6	3	Polished Ebony	43,472	39,642
F 190E	6	3	Polished Mahogany/Walnut	45,838	41,745
F 190E	6	3	Polished Bubinga/White	48,598	44,198
F 210E	6	10.5	Polished Ebony	48,598	44,198
F 230E	7	6.5	Polished Ebony	56,484	51,208

IRMLER

Studio Edition Verticals

Model	Feet	Inches	Description	MSRP	SMP
P112		44	Polished Ebony	7,453	7,316
P118		46.5	Polished Ebony	8,099	7,864
P118		46.5	Polished White	8,718	8,388
P125		49	Polished Ebony	9,213	8,808

Art Design Verticals

Model	Feet	Inches	Description	MSRP	SMP
Da Vinci		47.5	Polished Ebony w/Verone Veneer Liner	10,382	9,798
Gina		48.5	Polished Ebony	12,112	11,264
Monique		49	Polished Ebony	12,112	11,264
Louis		49	Polished Ebony	13,056	12,064
Titus		49	Polished Ebony	12,112	11,264
Alexa		49	Polished Ebony	14,000	12,864
Carlo		49	Polished Ebony	14,000	12,864
Monet		49	Polished Ebony w/Verone Veneer Inner Fallboard & Lid	11,995	11,165
Van Gogh		50.5	Polished Ebony w/Vavone Front Liner Panels & Legs	13,528	12,464

Acoustic Piano Model & Pricing Guide

Model	Feet	Inches	Description	MSRP	SMP
IRMLER *(continued)*					
Supreme Edition Verticals					
SP118		46.5	Polished Ebony	8,690	8,364
SP121		48	Polished Ebony	9,240	8,831
SP125		49	Polished Ebony	10,120	9,576
SP132		52	Polished Ebony	11,440	10,695
Professional Edition Verticals					
P116E		46	Polished Ebony	9,133	8,740
P116E		46	Satin Mahogany/Walnut	9,133	8,740
P116E		46	Satin Cherry	9,669	9,194
P116E		46	Polished Mahogany/Walnut	9,669	9,194
P116E		46	Polished Cherry/White	10,738	10,100
P122E		48	Polished Ebony	10,351	9,772
P122E		48	Satin Mahogany/Walnut	10,351	9,772
P122E		48	Satin Cherry	10,605	9,987
P122E		48	Polished Mahogany/Walnut	10,605	9,987
P122E		48	Polished Cherry/White	11,677	10,896
P132E		52	Polished Ebony	11,341	10,611
P132E		52	Satin Mahogany/Walnut	11,623	10,850
P132E		52	Satin Cherry	11,708	10,922
P132E		52	Polished Mahogany/Walnut	11,623	10,850
P132E		52	Polished Cherry	12,472	11,569
P132E		52	Polished White	12,821	11,865
Studio Edition Grands					
F148	4	10	Polished Ebony	22,000	19,644
F148	4	10	Polished Mahogany/Walnut	23,375	20,809
F148	4	10	Polished White	23,100	20,576
F160	5	3	Polished Ebony	24,475	21,742
F160	5	3	Polished Mahogany/Walnut	25,575	22,674
F160	5	3	Polished White	26,950	23,839
F188	6	2	Polished Ebony	29,563	26,053
F188	6	2	Polished Mahogany/Walnut	32,519	28,558
F188	6	2	Polished White	32,588	28,617
Professional Edition Grands					
F160E	5	3	Polished Ebony	29,655	26,131
F160E	5	3	Polished Mahogany/Walnut	31,701	27,865
F160E	5	3	Polished Cherry/White	34,090	29,890
F175E	5	9	Polished Ebony	32,384	28,444
F175E	5	9	Polished Mahogany/Walnut	34,429	30,177
F175E	5	9	Polished White	36,819	32,203
F190E	6	3	Polished Ebony	38,785	33,869
F190E	6	3	Polished Mahogany/Walnut	40,833	35,604
F190E	6	3	Polished White	43,220	37,627
F210E	6	10.5	Polished Ebony	43,220	37,627
F230E	7	6.5	Polished Ebony	50,041	43,408

Model	Feet	Inches	Description	MSRP	SMP
KAWAI					
Verticals					
K-15		44	Continental Polished Ebony	5,995	5,995
K-15		44	Continental Polished Mahogany	6,195	6,195
K-15		44	Continental Polished Snow White	6,295	6,295
506N		44.5	Satin Ebony/Mahogany	5,995	5,995
508		44.5	Satin Mahogany	6,995	6,995
K-200		45	Satin and Polished Ebony	8,095	8,095
K-200		45	Satin and Polished Mahogany	8,895	8,895
K-200NKL		45	Satin and Polished Ebony with Nickel Trim	8,495	8,495
ST-1		46	Satin Ebony/Oak/Walnut/Cherry	8,895	8,895
ST-1		46	Polished Ebony	9,295	9,295
K-300		48	Satin and Polished Ebony	12,295	12,295
K-300		48	Satin and Polished Mahogany	13,195	13,195
K-300		48	Polished Snow White	13,395	13,395
K-300NKL		48	Satin and Polished Ebony with Nickel Trim	12,695	12,695
K-400		48	Polished Ebony	13,095	13,095
K-400NKL		48	Polished Ebony with Nickel Trim	13,395	13,090
K-500		51	Satin and Polished Ebony	16,095	15,490
K-500		51	Polished Sapele Mahogany	17,995	17,190
K-800		53	Polished Ebony	25,395	23,890
AnyTime (Silent) Verticals					
K-200 ATX3-CA		45	AnyTime Polished Ebony w/CA Sound	12,895	12,590
K-300 AURES		48	AnyTime Polished Ebony w/Soundboard Speaker	18,295	17,490
K-500 AURES		51	AnyTime Polished Ebony w/Soundboard Speaker	22,095	20,890
Grands					
GL-10	5		Satin and Polished Ebony	18,095	17,290
GL-10	5		Polished Ebony with Nickel Trim	19,095	18,190
GL-10	5		Polished Mahogany/Snow White	19,795	18,790
GL-10	5		French Provincial Polished Mahogany	21,295	20,190
GL-20	5	2	Satin and Polished Ebony	21,295	20,190
GL-20	5	2	Polished Mahogany	23,795	22,390
GL-20	5	2	Polished Snow White	23,795	22,390
GL-30	5	5	Satin and Polished Ebony	32,895	30,590
GL-30	5	5	Polished Sapele Mahogany	39,495	36,590
GL-30	5	5	Satin Dark Walnut	39,495	36,590
GL-30	5	5	Polished Snow White	37,895	35,090
GX-1 BLK	5	5	Satin and Polished Ebony	40,295	37,290
GX-1 BLK	5	5	Polished Dark Walnut	45,295	41,790
GL-40	5	11	Satin and Polished Ebony	38,895	35,990
GL-40	5	11	Polished Sapele Mahogany	45,495	41,990
GL-40	5	11	Satin Dark Walnut	45,495	41,990
GX-2 BLK	5	11	Satin and Polished Ebony	46,495	42,890
GX-2 BLK	5	11	Satin Walnut/Cherry/Oak	51,295	47,190
GX-2 BLK	5	11	Polished Walnut/Sapeli Mahogany	53,495	49,190

Acoustic Piano Model & Pricing Guide

Model	Feet	Inches	Description	MSRP	SMP
KAWAI (continued)					
GX-2 BLK	5	11	Polished Snow White	49,395	45,490
GL-50	6	2	Polished Ebony	44,295	40,890
GX-3 BLK	6	2	Satin and Polished Ebony	59,495	54,590
GX-5 BLK	6	7	Satin and Polished Ebony	67,395	61,690
GX-6 BLK	7		Satin and Polished Ebony	75,495	68,990
GX-7 BLK	7	6	Satin and Polished Ebony	87,495	79,790
EX-L	9	1	Polished Ebony	200,995	200,995
AnyTime (Silent) Grands					
GL-10 ATX4	5		AnyTime Polished Ebony w/Soundboard Speaker	22,895	21,590
GL-30 ATX2-SS	5	5	AnyTime Polished Ebony w/Soundboard Speaker	40,095	37,090
GX-2 AURES2	5	11	AnyTime Polished Ebony w/Soundboard Speaker	53,795	49,390

KAWAI, SHIGERU
Grands

Model	Feet	Inches	Description	MSRP	SMP
SK-2	5	11	Polished Ebony	$73,995	$63,890
SK-2	5	11	Polished Sapele Mahogany	$85,195	$73,390
SK-3	6	2	Polished Ebony	$86,295	$74,390
SK-3	6	2	Polished Sapele Mahogany	$98,995	$85,190
SK-3	6	2	Polished Pyramid Mahogany	$114,895	$98,690
SK-5	6	7	Polished Ebony	$99,495	$85,590
SK-6	7		Polished Ebony	$112,495	$96,390
SK-7	7	6	Polished Ebony	$124,295	$106,690
SK-EX	9	1	Polished Ebony	$219,695	$219,695

KAYSERBURG
Excellent Series Verticals

Model	Inches	Description	MSRP	SMP
KX1	47.5	Polished Ebony	11,704	8,732
KX2	48	Polished Ebony	11,872	8,997
KX3	50	Polished Ebony	12,208	9,262

Heritage Series Verticals

Model	Inches	Description	MSRP	SMP
KHA1	46.5	Polished Ebony	12,085	8,997
KHA2	48	Polished Ebony	12,253	9,262
KHA3	48.5	Polished Ebony	12,337	9,527
KHA5	50.5	Polished Ebony	12,561	9,792
KHA6	52	Polished Ebony	13,037	10,057
KHB1	47	Polished Ebony	12,169	8,997
KHB2	48	Polished Grained Mahogany	12,253	9,527
KHB3	50	Polished Ebony	12,449	9,262
KHB5	51	Polished Ebony	12,757	10,057
KHC3	48.5	Polished White	12,337	9,527
KHC6	51	Polished White	12,757	10,057

Model	Feet	Inches	Description	MSRP	SMP

KAYSERBURG *(continued)*

Nuovo Series Verticals

Model	Feet	Inches	Description	MSRP	SMP
KN1		48	Polished Ebony	12,376	9,262
KN2		48.5	Polished Ebony	12,488	9,527
KN3		50	Polished Ebony	12,600	10,057
KN6		51	Polished Ebony	12,964	10,587

Artists Series Verticals

Model	Feet	Inches	Description	MSRP	SMP
KA1X		48	Polished Ebony	18,256	13,767
KA1UX		48	Satin Cherry	18,738	13,767
KA2X		48.5	Polished Ebony	18,704	14,032
KA3X		50	Polished Ebony	19,264	14,297
KA5X		51	Polished Ebony	19,824	14,827
KA6X		52	Polished Ebony	20,384	15,357

Master Series Verticals

Model	Feet	Inches	Description	MSRP	SMP
KAM1		48	Polished Ebony	27,160	18,537
KAM2		48.5	Polished Ebony	27,720	19,597
KAM3		50	Polished Ebony	28,280	20,657
KAM5		52	Polished Ebony	28,840	21,187

Heritage Series Grands

Model	Feet	Inches	Description	MSRP	SMP
GH148	4	10	Polished Ebony	20,496	19,095
GH148C	4	10	Classic Polished Ebony	21,616	19,936
GH148	4	10	Polished Grained Mahogany	22,176	19,665
GH160	5	3	Polished Ebony	21,616	19,950
GH160C	5	3	Classic Polished Ebony	22,736	21,047
GH160	5	3	Polished Grained Mahogany	23,296	20,520
GH160YJ	5	3	Crystal Transparent Plexiglass with Silver Plate/Hardware	148,900	142,500
GH170	5	8	Polished Ebony	25,536	22,230
GH170	5	8	Polished Grained Mahogany	27,216	22,800
GH188A	6	2	Polished Ebony	31,696	27,075

Artists Series Grands

Model	Feet	Inches	Description	MSRP	SMP
KA151	5		Polished Ebony	69,216	48,450
KA160	5	3	Polished Ebony	70,896	51,300
KA180	5	9	Polished Ebony	73,696	54,150
KA212	7		Polished Ebony	85,456	65,550
KA243	8		Polished Ebony	96,656	74,100
KA275	9		Polished Ebony	175,800	168,150

KINGSBURG

Verticals

Model	Feet	Inches	Description	MSRP	SMP
KH 121		48	Polished Ebony	9,955	7,710
KSX 120		48	Polished Ebony	9,460	6,561
KSX 120		48	Satin and Polished Mahogany/Walnut	9,790	6,780

Acoustic Piano Model & Pricing Guide

Model	Feet	Inches	Description	MSRP	SMP

KINGSBURG *(continued)*

Model	Feet	Inches	Description	MSRP	SMP
KH 123		48	Polished Ebony	10,670	8,101
KF 122		48	Polished Ebony	15,494	10,856
KG 123		50	Decorator Satin Walnut	14,262	10,719
KG 125		50	Polished Ebony	13,072	9,198
KU 125		50	Polished Ebony	11,404	7,791
KU 125		50	Satin and Polished Mahogany/Walnut	12,039	8,045
KF 126		50	Satin Walnut	16,928	12,356
KF 128		50	Polished Ebony	16,673	13,370
KF 133		52	Polished Ebony	18,955	14,384
KG 133		52	Polished Ebony	14,371	10,834

Grands

Model	Feet	Inches	Description	MSRP	SMP
KF 158	5	3	Polished Ebony	29,795	29,738
KG 158	5	3	Polished Ebony	22,816	15,653
KG 158	5	3	Polished Mahogany/Walnut	23,449	16,159
KG 175	5	9	Polished Ebony	25,668	16,107
KF 185	6	1	Polished Ebony	37,973	37,916
KG 185	6	1	Polished Ebony	27,887	17,681
KG 185	6	1	Polished Mahogany/Walnut	29,154	18,188
KF 228	7	4	Polished Ebony	79,876	73,824

KNABE, WM.

Baltimore Series Verticals

Model	Feet	Inches	Description	MSRP	SMP
WV 43		43	Continental Polished Ebony	9,392	6,367
WV 243F		43	French Provincial Satin Cherry	10,292	6,881
WV 243T		43	Satin Mahogany/Walnut	10,292	6,881
WV 115		45	Satin Ebony	11,316	7,466
WV 115		45	Polished Ebony	10,292	6,881
WV 115		45	Polished Mahogany/Walnut	11,578	7,616
WV 118H		46.5	Satin Ebony	11,965	7,837
WV 118H		46.5	Polished Ebony	11,578	7,616

Academy Series Verticals

Model	Feet	Inches	Description	MSRP	SMP
WMV 245		45	Satin Ebony	11,191	7,395
WMV 245		45	Polished Ebony	10,679	7,102
WMV 247		46.5	Satin Ebony/Walnut	12,865	8,351
WMV 247		46.5	Polished Ebony	12,478	8,130
WMV 647F		46.5	French Provincial Satin Cherry	13,045	8,454
WMV 647R		46.5	Renaissance Satin Walnut	13,045	8,454
WMV 647T		46.5	Satin Mahogany	13,045	8,454
WMV 121M		47.5	Satin Ebony	12,865	8,351
WMV 121M		47.5	Polished Ebony	12,478	8,130
WMV 132		52	Satin Ebony	15,825	10,043
WMV 132		52	Polished Ebony	15,051	9,601

Model	Feet	Inches	Description	MSRP	SMP
KNABE, WM. *(continued)*					
Concert Artist Series Verticals					
WKV 118F		46.5	French Provincial Lacquer Semigloss Cherry	18,011	11,292
WKV 118R		46.5	Renaissance Lacquer Satin Ebony	18,011	11,292
WKV 118R		46.5	Renaissance Lacquer Semigloss Walnut	18,011	11,292
WKV 118T		46.5	Lacquer Semigloss Mahogany	18,011	11,292
WKV 121		48	Satin Ebony	18,786	11,735
WKV 121		48	Polished Ebony	18,011	11,292
WKV 132MD		52	Satin Ebony	20,584	12,762
WKV 132MD		52	Polished Ebony	18,786	11,735
Baltimore Series Grands					
WG 49	4	9	Satin Ebony	22,708	14,469
WG 49	4	9	Polished Ebony	20,997	12,998
WG 49	4	9	Polished Mahogany/Walnut/White	23,570	14,469
WG 54	5	4	Satin Ebony	25,731	15,703
WG 54	5	4	Polished Ebony	23,932	14,675
WG 54	5	4	Polished Mahogany/Walnut	26,118	15,925
WG 54	5	4	Polished Ebony w/Bubinga or Pommele Accents	29,978	18,130
WGS 54	5	4	Round Leg w/Bubinga or Pommele Accents	34,225	20,557
WG 59	5	9	Satin Ebony	31,777	19,158
WG 59	5	9	Polished Ebony	29,591	17,909
WG 61	6	1	Satin Ebony	33,451	20,115
WG 61	6	1	Polished Ebony	31,777	19,158
Academy Series Grands					
WMG 610	5	9	Satin Ebony	35,637	21,364
WMG 610	5	9	Polished Ebony	33,838	20,336
WMG 660	6	1	Satin Ebony	39,884	23,791
WMG 660	6	1	Polished Ebony	38,210	22,834
WFM 700T	6	10	Satin Ebony	43,743	25,996
WFM 700T	6	10	Polished Ebony	42,070	25,040
Concert Artist Series Grands					
WKG 53	5	3	Satin Ebony	42,844	25,482
WKG 53	5	3	Polished Ebony	41,557	24,747
WKG 58	5	8	Satin Ebony	52,750	31,143
WKG 58	5	8	Polished Ebony	51,463	30,407
WKG 70	7		Satin Ebony	72,436	42,392
WKG 70	7		Polished Ebony	71,149	41,657
WKG 76	7	6	Satin Ebony	74,884	43,791
WKG 76	7	6	Polished Ebony	73,723	43,127
WKG 90	9	2	Satin Ebony	189,904	109,517
WKG 90	9	2	Polished Ebony	184,758	106,576

Acoustic Piano Model & Pricing Guide

Model	Feet	Inches	Description	MSRP	SMP

KRAUSE BERLIN, ERNST
Verticals
Model	Feet	Inches	Description	MSRP	SMP
KC-123		48.5	Polished Ebony	10,590	7,643
KC-123		48.5	Polished Mahogany/Walnut	13,280	11,103
KC-126		49.5	Polished Ebony	13,280	11,103
KC-126		49.5	Polished Mahogany/Walnut	14,280	11,898
KC-133		52.5	Polished Ebony	16,280	13,537

Grands
Model	Feet	Inches	Description	MSRP	SMP
KC-160	5	3	Polished Ebony	32,200	26,637
KC-160	5	3	Polished Mahogany/Walnut	36,200	30,083
KC-170	5	7	Polished Ebony	34,540	28,681
KC-170	5	7	Polished Mahogany/Walnut	37,550	31,181
KC-186	6	1	Polished Ebony	38,740	32,173
KC-186	6	1	Polished Mahogany/Walnut	41,750	34,682

MASON & HAMLIN
Verticals
Model	Feet	Inches	Description	MSRP	SMP
50		50	Satin Ebony	36,564	35,740
50		50	Polished Ebony	34,201	33,540
50		50	Cambridge Collection, Polished Ebony w/Bubinga or Macassar	42,698	36,840

Artist Series Verticals
Model	Feet	Inches	Description	MSRP	SMP
MHA 123U		48	Polished Ebony	10,885	10,885
MHA 131U		51	Polished Ebony	13,017	13,017

Classic Series Verticals
Model	Feet	Inches	Description	MSRP	SMP
MHC 120U		47	Polished Ebony	8,294	8,294

Grands
Model	Feet	Inches	Description	MSRP	SMP
B	5	4	Satin Ebony	86,035	85,316
B	5	4	Polished Ebony	83,790	83,116
B	5	4	Polished Mahogany/Walnut	94,805	92,634
B	5	4	Polished Pyramid Mahogany	115,414	112,554
B	5	4	Polished Rosewood	105,261	102,740
B	5	4	Polished Bubinga	108,997	106,352
B	5	4	Polished Macassar Ebony	115,414	112,554
A	5	8	Satin Ebony	87,382	86,636
A	5	8	Polished Ebony	85,138	84,436
A	5	8	Polished Mahogany/Walnut	96,231	94,014
A	5	8	Polished Pyramid Mahogany	116,843	113,934
A	5	8	Polished Rosewood	105,261	103,132
A	5	8	Polished Bubinga	110,423	107,732
A	5	8	Polished Macassar Ebony	116,843	113,934

Model	Feet	Inches	Description	MSRP	SMP

MASON & HAMLIN *(continued)*

Model	Feet	Inches	Description	MSRP	SMP
AA	6	4	Satin Ebony	107,409	98,438
AA	6	4	Polished Ebony	105,096	96,238
AA	6	4	Polished Mahogany/Walnut	111,367	105,944
AA	6	4	Polished Pyramid Mahogany	129,853	121,584
AA	6	4	Polished Rosewood	119,674	111,746
AA	6	4	Polished Bubinga	123,400	115,346
AA	6	4	Polished Macassar Ebony	129,853	121,584
BB	7		Satin Ebony	121,898	111,272
BB	7		Polished Ebony	119,585	109,072
BB	7		Polished Mahogany/Walnut	127,031	117,982
BB	7		Polished Pyramid Mahogany	150,105	140,286
BB	7		Polished Rosewood	141,486	131,956
BB	7		Polished Bubinga	144,847	135,202
BB	7		Polished Macassar Ebony	150,105	140,286
CC	9	4	Satin Ebony	171,188	163,880
CC	9	4	Polished Ebony	168,877	161,680
CC	9	4	Polished Mahogany/Walnut	186,025	180,802
CC	9	4	Polished Pyramid Mahogany	211,787	205,704
CC	9	4	Polished Rosewood	196,601	191,026
CC	9	4	Polished Bubinga	203,190	197,394
CC	9	4	Polished Macassar Ebony	211,787	205,704
VX	9	4	Satin Ebony	205,873	196,880
VX	9	4	Polished Ebony	203,561	194,680
VX	9	4	Polished Mahogany/Walnut	221,718	215,302
VX	9	4	Polished Pyramid Mahogany	247,481	240,204
VX	9	4	Polished Rosewood	232,295	225,526
VX	9	4	Polished Bubinga	238,885	231,894
VX	9	4	Polished Macassar Ebony	247,481	240,204
Grands			Cambridge Collection, Polished Ebony w/Bubinga or Macassar: add to polished ebony price	15,000	14,200

Artist Series Grands

Model	Feet	Inches	Description	MSRP	SMP
MHA 160G	5	3	Polished Ebony	20,092	20,092
MHA 188G	6	2	Polished Ebony	25,681	25,681

Classic Series Grands

Model	Feet	Inches	Description	MSRP	SMP
MHC 150G	4	11	Polished Ebony	16,475	16,475
MHC 170G	5	6	Polished Ebony	17,499	17,499

PALATINO

Verticals

Model		Inches	Description	MSRP	SMP
PUP-22C		48	Polished Mahogany/Cherry	5,000	5,000
PUP-22C		48	Satin Walnut	5,000	5,000
PUP-123T		48	Torino Polished Ebony	5,900	5,900

Acoustic Piano Model & Pricing Guide

Model	Feet	Inches	Description	MSRP	SMP
PALATINO *(continued)*					
PUP-123T		48	Torino Polished Dark Walnut	6,200	6,200
PUP-125		50	Satin and Polished Ebony	5,950	5,950
PUP-125		50	Polished Mahogany/White	5,950	5,950
PUP-126		50	Capri Polished Ebony	6,900	6,900
PUP-126		50	Capri Polished Dark Walnut	7,500	7,500
Grands					
PGD-50	5		Milano Polished Ebony	12,000	12,000
PGD-50	5		Milano Polished Dark Walnut	12,500	12,500
PGD-59	5	9	Roma Polished Ebony	13,400	13,400
PGD-62	6	2	Firenze Polished Ebony	15,400	15,400

PEARL RIVER
Traditional Series Verticals

Model	Feet	Inches	Description	MSRP	SMP
UP 109D		43	Continental Polished Ebony	6,804	5,963
UP 109D		43	Continental Polished Mahogany	7,364	6,228
UP 115E		45	Satin Ebony (School)	7,896	6,612
UP 115M5		45	Polished Ebony	6,608	6,347
UP 115M5		45	Polished Mahogany/Walnut	7,168	6,612
PE 121		48	Two-Tone Polished Ebony w/Mahogany Accents	9,688	8,997

European Series Verticals

Model	Feet	Inches	Description	MSRP	SMP
EU 110		43	Polished Ebony	6,496	6,082
EU 118S		46.5	Polished Ebony w/Silver Hardware	7,728	6,877
EU 118S		46.5	Polished Mahogany/Walnut w/Silver Hardware	8,288	7,142
EU 122		48	Polished Ebony	8,456	7,672
EU 122		48	Polished Mahogany/Walnut	9,016	7,937
EU 122S		48	Polished Ebony w/Silver Hardware	8,456	7,937
EU 131		52	Polished Ebony	8,988	8,613

Prestige Series Verticals

Model	Feet	Inches	Description	MSRP	SMP
PH1		47.5	Polished Ebony	11,060	8,732
PH2		48.5	Polished Ebony	11,144	9,262
PH3		50	Polished Ebony	11,312	9,527

Traditional Series Grands

Model	Feet	Inches	Description	MSRP	SMP
GP 150	4	11	Hand-rubbed Satin Ebony	17,332	15,376
GP 150	4	11	Polished Ebony	16,324	14,521
GP 150	4	11	Polished Mahogany/Walnut	17,332	15,376
GP 150	4	11	Polished Grained Mahogany/Walnut	18,004	15,946
GP 150SP	4	11	Polished Ebony w/Silver Plate/Hardware	16,604	15,376
GP 160	5	3	Hand-rubbed Satin Ebony	18,788	16,801
GP 160	5	3	Polished Ebony	17,780	15,946
GP 160	5	3	Polished Mahogany/Walnut	18,788	16,801
GP 160	5	3	Polished Grained Mahogany/Walnut	19,460	17,371

Model	Feet	Inches	Description	MSRP	SMP
PEARL RIVER *(continued)*					
GP 160SP	5	3	Polished Ebony w/Silver Plate/Hardware	18,060	16,801
GP 160SP	5	3	Polished White w/Silver Plate/Hardware	19,180	17,371
GP 160SP	5	3	Polished Red w/Silver Plate/Hardware	19,180	18,511
GP 170	5	7	Hand-rubbed Satin Ebony	21,140	19,081
GP 170	5	7	Polished Ebony	20,132	18,226
GP 170	5	7	Polished Grained Mahogany/Walnut	21,812	19,651
GP 188A	6	2	Polished Ebony	25,368	21,931

PERZINA
Verticals

Model		Inches	Description	MSRP	SMP
GP-112 Kompact		45	Continental Polished Ebony	8,890	8,000
GP-112 Kompact		45	Continental Polished Walnut/Mahogany	9,450	8,250
GP-112 Kompact		45	Continental Polished White	9,780	8,490
GP-115 Merit		45	Polished Ebony	9,660	8,430
GP-115 Merit		45	Polished Mahogany/Walnut	10,220	8,690
GP-115 Merit		45	Polished White	10,550	8,900
GP-115 Merit		45	Queen Anne Polished Ebony	10,220	8,600
GP-115 Merit		45	Queen Anne Polished Mahogany/Walnut	11,045	8,920
GP-115 Merit		45	Queen Anne Polished White	11,375	9,140
GP-122 Konsumat		48	Polished Ebony	10,990	9,090
GP-122 Konsumat		48	Polished Ebony with Chrome Hardware	12,090	10,000
GP-122 Konsumat		48	Polished Mahogany/Walnut	11,375	9,400
GP-122 Konsumat		48	Polished White	11,580	9,590
GP-122 Konsumat		48	Queen Anne Polished Ebony	11,375	9,380
GP-122 Konsumat		48	Queen Anne Polished Mahogany/Walnut	12,200	9,590
GP-122 Konsumat		48	Queen Anne Polished White	12,500	9,800
GP-122 Balmoral		48	Designer Polished Ebony	12,285	9,300
GP-122 Balmoral		48	Designer Polished Ebony/Bubinga (two-tone)	13,300	10,840
GP-129 Kapitol		51	Polished Ebony	12,240	10,220
GP-129 Kapitol		51	Polished Mahogany/Walnut	12,860	10,420
GP-129 Kapitol		51	Polished White	13,520	10,630
GP-129 Kapitol		51	Queen Anne Polished Ebony	13,520	10,420
GP-129 Kapitol		51	Queen Anne Polished Mahogany/Walnut	13,565	10,630
GP-129 Kapitol		51	Queen Anne Polished White	14,290	10,840
GP-130 Konzert		52	Polished Ebony	14,840	11,460

Grands

Model	Feet	Inches	Description	MSRP	SMP
GBT-152 Prysm	5	1	Polished Ebony	17,260	16,440
GBT-152 Prysm	5	1	Polished Mahogany/Walnut	18,530	17,650
GBT-152 Prysm	5	1	Polished White	18,750	17,860
GBT-152 Prysm	5	1	Designer Polished Mahogany/Walnut with Burled Walnut Inlay	20,490	19,520
GBT-152 Prysm	5	1	Designer Queen Anne or Empire Polished Ebony	17,590	16,760
GBT-152 Prysm	5	1	Designer Queen Anne or Empire Polished Mahogany/Walnut	18,880	17,980

Acoustic Piano Model & Pricing Guide

Model	Feet	Inches	Description	MSRP	SMP

PERZINA *(continued)*

Model	Feet	Inches	Description	MSRP	SMP
GBT-152 Prysm	5	1	Designer Queen Anne or Empire Polished White	19,090	18,180
GBT-160 Sylvr	5	4	Polished Ebony	19,630	18,690
GBT-160 Sylvr	5	4	Polished Mahogany/Walnut	20,840	19,850
GBT-160 Sylvr	5	4	Polished White	21,030	20,020
GBT-160 Sylvr	5	4	Designer Polished Mahogany/Walnut with Burled Walnut Inlay	26,180	24,930
GBT-160 Sylvr	5	4	Designer Queen Anne or Empire Polished Ebony	19,970	19,020
GBT-160 Sylvr	5	4	Designer Queen Anne or Empire Polished Mahogany/Walnut	21,180	20,170
GBT-160 Sylvr	5	4	Designer Queen Anne or Empire Polished White	21,330	20,320
GBT-175 Granit	5	10	Polished Ebony	20,620	19,640
GBT-175 Granit	5	10	Polished Mahogany/Walnut	21,830	20,790
GBT-175 Granit	5	10	Polished White	22,030	20,980
GBT-175 Granit	5	10	Designer Polished Mahogany/Walnut with Burled Walnut Inlay	27,180	25,880
GBT-175 Granit	5	10	Designer Queen Anne or Empire Polished Ebony	20,960	19,960
GBT-175 Granit	5	10	Designer Queen Anne or Empire Polished Mahogany/Walnut	22,180	21,120
GBT-175 Granit	5	10	Designer Queen Anne or Empire Polished White	22,370	21,300
GBT-187 Royal	6	2	Polished Ebony	21,620	20,590
GBT-187 Royal	6	2	Polished Mahogany/Walnut	22,840	21,750
GBT-187 Royal	6	2	Polished White	23,030	21,930
GBT-187 Royal	6	2	Designer Polished Mahogany/Walnut with Burled Walnut Inlay	28,160	26,820
GBT-187 Royal	6	2	Designer Queen Anne or Empire Polished Ebony	21,950	20,910
GBT-187 Royal	6	2	Designer Queen Anne or Empire Polished Mahogany/Walnut	23,180	22,070
GBT-187 Royal	6	2	Designer Queen Anne or Empire Polished White	23,360	22,250

PETROF

Most models are also available in finishes other than those shown here.

Verticals

Model	Size	Description	Price
P 118 C1	46.25	Chippendale Polished Ebony	32,430
P 118 D1	46.25	Demi-Chippendale Polished Ebony	32,430
P 118 G2	46.25	Polished Ebony	25,690
P 118 M1	46.25	Polished Ebony	28,550
P 118 P1	46.25	Polished Ebony	28,550
P 118 R1	46.25	Rococo Satin White w/Gold Trim	34,248
P 118 S1	46.25	Continental Polished Ebony/White	25,090
P 122 N1	47.75	Polished Ebony	31,118
P 125 F1	49.25	Polished Ebony	32,012
P 125 G1	49.25	Polished Ebony	34,778
P 125 M1	49.25	Polished Ebony	33,498
P 127 NEXT	49.5	Satin Ebony with Chrome Legs	44,998
P 127 NEXT	49.5	Satin Wood Tones with Chrome Legs	46,000

Model	Feet	Inches	Description	MSRP	SMP
PETROF *(continued)*					
P 131 M1		51	Polished Ebony		44,168
P 135 K1		53	Polished Ebony		52,564
Grands					
P 159	5	2	Bora Polished Ebony		87,058
P 159	5	2	Bora Demi-Chippendale Polished Ebony		95,020
P 173	5	6	Breeze Polished Ebony		91,748
P 173	5	6	Breeze Chippendale Polished Ebony		110,258
P 173	5	6	Breeze Demi-Chippendale Polished Ebony		108,068
P 173	5	6	Breeze Klasik Polished Ebony		100,666
P 173	5	6	Breeze Rococo Satin White w/Gold Trim		110,568
P 194	6	3	Storm Polished Ebony		96,310
P 194	6	3	Storm Styl Polished Ebony		104,812
P 210	6	10	Pasat Polished Ebony		137,640
P 237	7	9	Monsoon Polished Ebony		218,216
P 284	9	2	Mistral Polished Ebony		290,812
Grands			Mahogany/Walnut Upcharge		2,600
Grands			White or Color Upcharge		1,880
Petrof, Ant. Verticals					
136		53.5	Polished Ebony		38,632
Petrof, Ant. Grands					
225	7	4	Polished Ebony		187,278
275	9		Polished Ebony		252,328

PRAMBERGER
Legacy Series Verticals

Model	Feet	Inches	Description	MSRP	SMP
LV-110		43	Continental Polished Ebony	9,642	6,510
LV-43F		43	French Provincial Satin Cherry	10,417	6,953
LV-43T		43	Satin Mahogany/Walnut	10,417	6,953
LV-115		45	Satin Ebony	11,316	7,466
LV-115		45	Polished Ebony	10,417	6,953
LV-115		45	Polished Mahogany/Walnut	11,578	7,616
LV-118		46.5	Satin Ebony	12,215	7,980
LV-118		46.5	Polished Ebony	11,316	7,466

Signature Series Verticals

Model	Feet	Inches	Description	MSRP	SMP
PV-118F/R/T		46.5	Decorator Satin Cherry/Mahogany/Walnut	12,865	8,351
PV-118S		46.5	Satin Ebony	13,252	8,573
PV-118S		46.5	Polished Ebony	12,478	8,130
PV-121		47.5	Satin Ebony	15,051	9,601
PV-121		47.5	Polished Ebony	14,151	9,086
PV-132		52	Satin Ebony	16,725	10,557
PV-132		52	Polished Ebony	15,825	10,043

Acoustic Piano Model & Pricing Guide

Model	Feet	Inches	Description	MSRP	SMP

PRAMBERGER (continued)

J.P. Pramberger Platinum Series Verticals

Model	Feet	Inches	Description	MSRP	SMP
JP-132		52	Satin Ebony	20,972	12,984
JP-132		52	Polished Ebony	19,298	12,027

Legacy Series Grands

Model	Feet	Inches	Description	MSRP	SMP
LG-149	4	9	Satin Ebony	22,708	13,976
LG-149	4	9	Polished Ebony	20,997	12,998
LG-149	4	9	Polished Mahogany/Walnut/White	23,570	14,469
LG-157	5	2	Satin Ebony	25,731	15,703
LG-157	5	2	Polished Ebony	23,932	14,675
LG-157	5	2	Polished Ebony w/Bubinga or Pommele Accents	29,978	18,130
LG-157	5	2	Polished Fire Red	32,164	19,379
LG-175	5	9	Satin Ebony	31,652	19,087
LG-175	5	9	Polished Ebony	29,591	17,909

Signature Series Grands

Model	Feet	Inches	Description	MSRP	SMP
PS-157	5	2	Satin Ebony	31,777	19,158
PS-157	5	2	Polished Ebony	29,978	18,130
PS-157	5	2	Polished Ebony w/Bubinga or Pommele Accents	35,124	21,071
PS-175	5	9	Satin Ebony	34,350	20,629
PS-175	5	9	Polished Ebony	32,551	19,601
PS-185	6	1	Satin Ebony	35,637	21,364
PS-185	6	1	Polished Ebony	33,838	20,336
PS-208	6	10	Satin Ebony	47,528	28,159
PS-208	6	10	Polished Ebony	42,844	25,482

J.P. Pramberger Platinum Series Grands

Model	Feet	Inches	Description	MSRP	SMP
JP-179L	5	10	Satin Ebony	55,061	32,463
JP-179L	5	10	Polished Ebony	53,524	31,585
JP-179LF	5	10	French Provincial Satin Ebony	64,329	37,759
JP-179LF	5	10	French Provincial Lacquer Semigloss Cherry	64,329	37,759
JP-208B	6	10	Satin Ebony	69,863	40,922
JP-208B	6	10	Polished Ebony	68,451	40,115
JP-228C	7	6	Satin Ebony	76,033	44,447
JP-228C	7	6	Polished Ebony	75,259	44,005
JP-280E	9	2	Polished Ebony	224,643	129,367

RITMÜLLER

Classic Series Verticals

Model	Feet	Inches	Description	MSRP	SMP
UP 110RB		43	French Provincial Satin Cherry	8,350	7,288
UP 110RB1		43	Italian Provincial Satin Walnut	8,350	7,288
UP 110R2		43	Polished Ebony	7,028	6,347
UP 110R2		43	Polished Mahogany	7,588	6,612
UP 120RE		47	Satin Mahogany	10,080	8,348
UP 121RB		48	Polished Ebony	8,400	7,937

Model	Feet	Inches	Description	MSRP	SMP

RITMÜLLER *(continued)*

Model	Feet	Inches	Description	MSRP	SMP
UP 121RB		48	Polished Mahogany/Walnut	8,400	8,202
UP 121RB		48	Polished White	9,072	8,202

Superior Series Verticals

Model	Feet	Inches	Description	MSRP	SMP
RS 120		47	Polished Ebony	9,520	8,467
RS 125		49	Polished Ebony	10,724	8,997
RS 130		51	Polished Ebony	11,144	9,527

Premium Series Verticals

Model	Feet	Inches	Description	MSRP	SMP
UHX 121		48	Polished Ebony	11,984	10,587
UHX 121		48	Polished Grained Mahogany	12,656	10,998
UHX 121C		48	Polished Ebony	13,048	10,852
UHX 121C		48	Polished Grained Mahogany	13,720	11,263
UHX 126		50	Polished Ebony	14,196	11,647
UHX 132		52.5	Polished Ebony	15,456	12,707
RSH 119		47	Polished Ebony	10,752	10,057
RSH 121		48	Polished Ebony	11,368	10,322
RSH 123		48.5	Polished Ebony	11,984	10,587

Superior Series Grands

Model	Feet	Inches	Description	MSRP	SMP
RS 150	5		Polished Ebony	20,944	17,941
RS 160	5	3	Polished Ebony	22,624	19,366
RS 173	5	7	Polished Ebony	27,216	22,216
RS 183	6		Polished Ebony	30,576	27,916

Premium Series Grands

Model	Feet	Inches	Description	MSRP	SMP
GH 160R	5	3	Hand-rubbed Satin Ebony	28,140	22,786
GH 160R	5	3	Polished Ebony	25,956	21,361
GH 160R	5	3	Polished Grained Mahogany	28,140	22,786
GH 170R	5	7	Polished Ebony	32,424	25,351
GH 212R	7		Polished Ebony	85,456	66,961

RÖNISCH

Verticals

Model	Feet	Inches	Description	MSRP	SMP
118 K		46.5	Polished Ebony	24,530	24,530
118 K		46.5	Satin Mahogany/Walnut	25,816	25,816
118 K		46.5	Polished Mahogany/Walnut	30,318	30,318
118 K		46.5	Satin Cherry	26,275	26,275
118 K		46.5	Satin Beech/Alder/Ash/Oak	24,851	24,851
118 K		46.5	Polished White	26,873	26,873
118 K		46.5	Satin Swiss Pear/Indian Apple	31,160	31,160
118 KI		46.5	Polished Mahogany w/Vavona Inlays	31,920	31,920
118 KI		46.5	Polished Walnut w/Burled Walnut Inlays	31,540	31,540
118 KI		46.5	Polished Cherry w/Yew Inlays	31,920	31,920
118 KR		46.5	Polished Ebony	24,989	24,989

Acoustic Piano Model & Pricing Guide

Model	Feet	Inches	Description	MSRP	SMP
RÖNISCH *(continued)*					
118 KR		46.5	Polished White	27,332	27,332
118 M		46.5	Continental Polished Ebony	26,790	26,790
118 M		46.5	Continental Polished White	28,159	28,159
125 K		49	Polished Ebony	27,623	27,623
125 K		49	Satin Mahogany/Walnut	28,794	28,794
125 K		49	Polished Mahogany/Walnut	33,663	33,663
125 K		49	Satin Cherry	28,700	28,700
125 K		49	Polished White	30,058	30,058
125 K		49	Satin Swiss Pear/Indian Apple	34,365	34,365
125 K		49	Carl Ronisch Edition Polished Burl Walnut	45,819	45,819
125 KI		49	Polished Mahogany w/Vavona Inlays	34,646	34,646
125 KI		49	Polished Walnut w/Burled Walnut Inlays	35,115	35,115
125 KI		49	Polished Cherry w/Yew Inlays	35,817	35,817
125 KN		49	Old Style Polished Ebony w/Burl Walnut Medallion	30,100	30,100
125 KN		49	Old Style Polished White w/Medallion	32,581	32,581
132 K		52	Polished Ebony	31,431	31,431
132 K		52	Satin Mahogany/Walnut	31,857	31,857
132 K		52	Polished Mahogany/Walnut	36,725	36,725
132 K		52	Polished White	33,889	33,889
132 K		52	Satin Swiss Pear/Indian Apple	38,190	38,190
132 K		52	Polished Bubinga	38,513	38,513
132 K		52	Carl Ronisch Edition Polished Burl Walnut	50,586	50,586
132 KI		52	Polished Mahogany w/Vavona Inlays	39,703	39,703
132 KI		52	Polished Walnut w/Burled Walnut Inlays	40,176	40,176
132 KI		52	Polished Cherry w/Yew Inlays	40,885	40,885
132 KM		52	Polished Ebony w/Medallion	32,676	32,676
132 KM		52	Polished White w/Medallion	35,157	35,157
Grands					
175 K	5	9	Polished Ebony	79,824	79,824
175 K	5	9	Satin Mahogany/Walnut	85,334	85,334
175 K	5	9	Polished Mahogany/Walnut	91,152	91,152
175 K	5	9	Satin Cherry	86,109	86,109
175 K	5	9	Polished White	83,394	83,394
175 K	5	9	Polished Bubinga	98,600	98,600
175 K	5	9	Polished Palisander Rosewood	105,400	105,400
175 K	5	9	Carl Ronisch Edition Polished Burl Walnut	102,000	102,000
175 K	5	9	Carl Ronisch Edition Polished Vavona	106,152	106,152
175 K	5	9	Carl Ronisch Edition Polished Pyramid Mahogany	110,467	110,467
175 KI	5	9	Polished Mahogany w/Vavona Inlays	109,210	109,210
175 KI	5	9	Polished Walnut w/Burled Walnut Inlays	111,347	111,347
175 KI	5	9	Polished Cherry w/Yew Inlays	114,363	114,363
186 K	6	1	Polished Ebony	86,880	86,880
186 K	6	1	Satin Mahogany/Walnut	93,618	93,618
186 K	6	1	Polished Mahogany/Walnut	99,327	99,327

Model	Feet	Inches	Description	MSRP	SMP
RÖNISCH *(continued)*					
186 K	6	1	Satin Cherry	94,379	94,379
186 K	6	1	Polished White	92,857	92,857
186 K	6	1	Polished Bubinga	110,500	110,500
186 K	6	1	Polished Palisander Rosewood	117,300	117,300
186 K	6	1	Carl Ronisch Edition Polished Burl Walnut	113,900	113,900
186 K	6	1	Carl Ronisch Edition Polished Vavona	110,520	110,520
186 K	6	1	Carl Ronisch Edition Polished Pyramid Mahogany	117,300	117,300
186 KI	6	1	Polished Mahogany w/Vavona Inlays	113,520	113,520
186 KI	6	1	Polished Walnut w/Burled Walnut Inlays	116,027	116,027
186 KI	6	1	Polished Cherry w/Yew Inlays	119,398	119,398
210 K	6	10.5	Polished Ebony	105,673	105,673
210 K	6	10.5	Satin Mahogany/Walnut	111,124	111,124
210 K	6	10.5	Polished Mahogany/Walnut	116,833	116,833
210 K	6	10.5	Polished White	108,383	108,383
210 K	6	10.5	Polished Bubinga	131,522	131,522
210 K	6	10.5	Polished Palisander Rosewood	139,400	139,400
210 K	6	10.5	Carl Ronisch Edition Polished Burl Walnut	134,300	134,300
210 K	6	10.5	Carl Ronisch Edition Polished Vavona	128,440	128,440
210 K	6	10.5	Carl Ronisch Edition Polished Pyramid Mahogany	135,632	135,632
210 KI	6	10.5	Polished Mahogany w/Vavona Inlays	137,276	137,276
210 KI	6	10.5	Polished Walnut w/Burled Walnut Inlays	141,386	141,386
210 KI	6	10.5	Polished Cherry w/Yew Inlays	145,496	145,496

SAMICK
Verticals

Model	Feet	Inches	Description	MSRP	SMP
JS-43		43	Continental Satin Ebony	10,679	7,414
JS-43		43	Continental Polished Ebony	9,642	6,791
JS-143F		43	French Provincial Satin Cherry	10,679	7,414
JS-143T		43	Satin Mahogany	10,679	7,414
JS-115		45	Satin Ebony	11,578	7,954
JS-115		45	Polished Ebony	10,679	7,414
JS-115		45	Polished Mahogany/Walnut	11,316	7,796
JS-247		46.5	Institutional Satin Ebony	13,764	9,267
JS-247		46.5	Institutional Polished Ebony	12,865	8,727
JS-247		46.5	Institutional Satin Walnut	13,764	9,267
JS-118H		46.5	Satin Ebony	12,478	8,494
JS-118H		46.5	Polished Ebony	11,578	7,954
JS-121M		48	Satin Ebony	13,764	9,267
JS-121M		48	Polished Ebony	12,865	8,727
JS-132		52	Satin Ebony	16,725	11,045
JS-132		52	Polished Ebony	15,438	10,272

Acoustic Piano Model & Pricing Guide

Model	Feet	Inches	Description	MSRP	SMP

SAMICK *(continued)*
Grands

Model	Feet	Inches	Description	MSRP	SMP
SIG-49	4	9	Satin Ebony	22,708	14,638
SIG-49	4	9	Polished Ebony	20,997	13,611
SIG-54	5	4	Satin Ebony	27,017	17,226
SIG-54	5	4	Polished Ebony	24,444	15,681
SIG-54	5	4	Polished Fire-Engine Red	33,063	20,858
SIG-54	5	4	Polished Ebony w/Bubinga or Pommele Accents	30,615	19,387
SIG-57	5	7	Satin Ebony	31,265	19,778
SIG-57	5	7	Polished Ebony	29,328	18,614
SIG-57L	5	7	Empire Satin Ebony	34,737	21,863
SIG-57L	5	7	Empire Polished Ebony	33,063	20,858
SIG-61	6	1	Satin Ebony	33,838	21,323
SIG-61	6	1	Polished Ebony	31,777	20,085
SIG-61L	6	1	Empire Satin Ebony	37,048	23,251
SIG-61L	6	1	Empire Polished Ebony	35,124	22,095

SAUTER
Standard wood veneers are walnut, mahogany, ash, and alder.
Classic Line Verticals

Model		Inches	Description	MSRP	SMP
122		48	Ragazza Polished Ebony	41,500	41,500
122		48	Ragazza Satin Cherry	41,000	41,000
122		48	Ragazza Polished Cherry/Yew	48,500	48,500
122		48	Vista Polished Ebony	45,000	45,000
122		48	Vista Satin Maple	43,000	43,000
122		48	Vista Satin Cherry	45,000	45,000
122		48	Master Class Polished Ebony	53,500	53,500
122		48	Schulpiano Satin Beech/Black Ash	35,500	35,500
130		51	Competence Polished Ebony	46,500	46,500
130		51	Competence Satin Walnut	48,500	48,500
130		51	Master Class Polished Ebony	60,500	60,500
130		51	Sonder Polished Ebony	40,500	40,500
130		51	Sonder Polished Ebony w/Sostenuto	45,000	45,000

Designed by Peter Maly Verticals

Model		Inches	Description	MSRP	SMP
119		48	Concent Satin Ebony	36,000	36,000
119		48	Concent Polished Ebony	38,500	38,500
122		48	Artes Polished Ebony	58,500	58,500
122		48	Artes Polished Palisander/Macassar	60,000	60,000
122		48	Artes Polished White	60,000	60,000
122		48	Pure Basic Satin Ebony/Walnut	45,000	45,000
122		48	Pure Basic Satin White	45,000	45,000
122		48	Pure Basic Satin White/Maple	45,000	45,000
122		48	Pure Noble Polished Ebony/Veneers	55,500	55,500
122		48	Pure Noble Polished White/Red	56,500	56,500

Model	Feet	Inches	Description	MSRP	SMP
SAUTER *(continued)*					
122		48	Rondo Polished Ebony	49,000	49,000
122		48	Rondo Satin Wenge	45,500	45,500
122		48	Vitrea Colored Ebony with Glass	46,500	46,500
Classic Line Grands					
160	5	3	Alpha Polished Ebony	106,000	106,000
160	5	3	Alpha Satin Standard Wood Veneers	100,000	100,000
160	5	3	Chippendale Satin Cherry	111,000	111,000
160	5	3	Chippendale Satin Standard Wood Veneers	106,000	106,000
160	5	3	Noblesse Satin and Polished Cherry	127,000	127,000
160	5	3	Noblesse Satin Burl Walnut	122,000	122,000
160	5	3	Noblesse Satin Standard Wood Veneers	116,000	116,000
160	5	3	Noblesse Polished Standard Wood Veneers	125,000	125,000
185	6	1	Delta Polished Ebony	122,000	122,000
185	6	1	Delta Polished Ebony w/Burl Walnut	125,000	125,000
185	6	1	Delta Polished Pyramid Mahogany	132,000	132,000
185	6	1	Delta Polished Bubinga	132,000	132,000
185	6	1	Delta Polished Rio Palisander	132,000	132,000
185	6	1	Delta Satin Maple with Silver	112,000	112,000
185	6	1	Delta Polished White	121,000	121,000
185	6	1	Delta Satin Standard Wood Veneers	110,000	110,000
185	6	1	Chippendale Satin Cherry	123,000	123,000
185	6	1	Chippendale Satin Standard Wood Veneers	119,000	119,000
185	6	1	Noblesse Satin Cherry	131,000	131,000
185	6	1	Noblesse Polished Cherry	145,000	145,000
185	6	1	Noblesse Satin Burl Walnut	137,000	137,000
185	6	1	Noblesse Satin Standard Wood Veneers	126,000	126,000
185	6	1	Noblesse Polished Standard Wood Veneers	142,000	142,000
220	7	3	Omega Polished Ebony	153,000	153,000
220	7	3	Omega Polished Burl Walnut	168,000	168,000
220	7	3	Omega Polished Pyramid Mahogany	168,000	168,000
220	7	3	Omega Satin Standard Wood Veneers	143,000	143,000
275	9		Concert Polished Ebony	265,000	265,000
Designed by Peter Maly Grands					
210	6	11	Vivace Polished Ebony	170,000	170,000
210	6	11	Vivace Satin Wood Veneers	160,000	160,000
210	6	11	Vivace Polished White	170,000	170,000
230	7	7	Ambiente Polished Ebony	195,000	195,000
230	7	7	Ambiente Polished Ebony w/Crystals	220,000	220,000

Acoustic Piano Model & Pricing Guide

Model	Feet	Inches	Description	MSRP	SMP

SCHIMMEL
Classic Series Verticals

Model		Inches	Description	MSRP	SMP
C 116		46	Tradition Polished Ebony	30,806	26,672
C 116		46	Tradition Polished Mahogany/White	33,818	29,182
C 116		46	Tradition Satin Walnut/Cherry/Alder	30,806	26,672
C 116		46	Modern Polished Ebony	35,083	30,236
C 116		46	Modern Polished White	37,898	32,582
C 116		46	Modern Cubus Polished Ebony	35,083	30,236
C 116		46	Modern Cubus Polished White	37,898	32,582
C 121		48	Tradition Polished Ebony	34,258	29,548
C 121		48	Tradition Polished Mahogany/White	38,270	32,892
C 121		48	Tradition Satin Walnut/Cherry/Alder	34,258	29,548
C 121		48	Tradition Marketerie Polished Mahogany w/Inlay	40,930	35,108
C 121		48	Tradition Noblesse Polished Ebony w/Exotic-Wood Inlay Panels	38,335	32,946
C 121		48	Tradition Prestige Polished Ebony w/Exotic-Wood Inlay Panels	40,975	35,146
C 121		48	Elegance Manhattan Polished Ebony	33,084	28,570
C 121		48	Elegance Manhattan Polished Mahogany	35,311	30,426
C 121		48	Elegance Manhattan Super Matte Satin Ebony w/Chrome Hardware	36,941	31,784
C 121		48	Royal Polished Ebony	37,682	32,402
C 121		48	Royal Intarsie Flora Polished Mahogany w/Inlays	40,930	35,108
C 126		50	Tradition Polished Ebony	38,832	33,360
C 126		50	Tradition Polished Mahogany	41,803	35,836
C 130		51	Tradition Polished Ebony	41,954	35,962
C 130		51	Tradition Polished Mahogany	47,779	40,816

Konzert Series Verticals

Model		Inches	Description	MSRP	SMP
K 122		48	Elegance Polished Ebony	43,135	36,946
K 125		49	Tradition Polished Ebony	46,171	39,476
K 125		49	Tradition Polished Mahogany	50,698	43,248
K 132		52	Tradition Polished Ebony	52,726	44,938
K 132		52	Tradition Polished Mahogany	56,671	48,226

Fridolin Schimmel Verticals

Model		Inches	Description	MSRP	SMP
F 116		46	Polished Ebony	8,880	8,104
F 116		46	Polished White	9,125	8,300
F 121		48	Polished Ebony	9,860	8,888
F 121		48	Polished Walnut/White	10,273	9,218
F 121		48	Queen Anne Satin Mahogany	10,988	9,790
F 123		49	Polished Ebony	11,098	9,878
F 123		49	Polished Mahogany/White	11,510	10,208
F 130		51	Polished Ebony	12,363	10,890

Wilhelm Schimmel Verticals

Model		Inches	Description	MSRP	SMP
W 114		46	Tradition Polished Ebony	20,443	18,036
W 114		46	Tradition Polished Mahogany/White	22,320	19,600
W 114		46	Modern Polished Ebony	21,348	18,790

Model	Feet	Inches	Description	MSRP	SMP

SCHIMMEL *(continued)*

Model	Feet	Inches	Description	MSRP	SMP
W 114		46	Modern Polished White	23,314	20,428
W 118		48	Tradition Polished Ebony	21,934	19,278
W 118		48	Tradition Polished Mahogany/White	23,878	20,898
W 123		49	Tradition Polished Ebony	25,097	21,914
W 123		49	Tradition Polished Mahogany/White	26,882	23,402

Classic Series Grands

Model	Feet	Inches	Description	MSRP	SMP
C 169	5	7	Tradition Polished Ebony	79,620	67,350
C 169	5	7	Tradition Polished White	84,149	71,124
C 169	5	7	Tradition Polished Mahogany	80,141	67,784
C 169	5	7	Black Pearl Ebony Matte	97,591	82,326
C 189	6	2	Tradition Polished Ebony	85,032	71,860
C 189	6	2	Tradition Polished White	92,839	78,366
C 189	6	2	Tradition Polished Mahogany	84,398	71,332
C 213	7		Tradition Polished Ebony	92,839	78,366
C 213	7		Tradition Polished White	100,639	84,866
C 213	7		Tradition Polished Mahogany	84,149	71,124

Konzert Series Grands

Model	Feet	Inches	Description	MSRP	SMP
K 175	5	9	Tradition Polished Ebony	108,588	87,870
K 175	5	9	Tradition Polished Mahogany/White	118,198	95,558
K 195	6	5	Tradition Polished Ebony	118,198	95,558
K 195	6	5	Tradition Polished Mahogany/White	127,808	103,246
K 213	7		Glas Clear Acrylic and White or Black and Gold	358,750	288,000
K 219	7	2	Tradition Polished Ebony	128,830	108,358
K 219	7	2	Tradition Polished Mahogany/White	133,238	112,032
K 230	7	6	Tradition Polished Ebony	151,025	126,854
K 256	8	4	Tradition Polished Ebony	172,363	144,636
K 280	9	2	Tradition Polished Ebony	211,824	177,520

Fridolin Schimmel Grands

Model	Feet	Inches	Description	MSRP	SMP
F 156	5	1	Polished Ebony	19,238	16,390

Wilhelm Schimmel Grands

Model	Feet	Inches	Description	MSRP	SMP
W 180	6		Tradition Polished Ebony	51,206	43,672
W 180	6		Tradition Polished Mahogany/White	57,734	49,112
W 206	6	10	Tradition Polished Ebony	62,628	53,190
W 206	6	10	Tradition Polished Mahogany/White	69,158	58,632

SCHULZ, GEBR.

Verticals

Model	Feet	Inches	Description	MSRP	SMP
G-20		48	Polished Ebony	9,995	9,590
G-20		48	Hand-rubbed Satin Walnut	12,895	12,500

Grands

Model	Feet	Inches	Description	MSRP	SMP
G-58	5	5	Polished Ebony	18,995	18,995
G-86	6		Polished Ebony	23,995	23,995
G-288	9		Polished Ebony	49,995	49,995

Model	Feet	Inches	Description	MSRP	SMP

SCHULZE POLLMANN
Studio Series Verticals
SU118A		46	Polished Peacock Ebony	15,995	9,490
SU118A		46	Polished Peacock Mahogany/Walnut	16,995	10,090
SU122A		48	Polished Peacock Ebony	18,995	10,890
SU122A		48	Polished Peacock Mahogany/Walnut	19,995	11,490
SU122A		48	Polished Feather Mahogany	20,995	12,090
SU132A		52	Polished Peacock Ebony	23,995	13,490

Academy Series Verticals
A-125E		50	Polished Ebony	26,995	14,890
A-125E		50	Polished Peacock Ebony	27,995	15,490
A-125E		50	Polished Peacock Mahogany	30,995	17,490
A-125E		50	Polished Peacock Walnut	31,995	18,090
A-125E		50	Polished Feather Mahogany	33,995	18,090

Studio Series Grands
S148	4	10	Polished Ebony	18,995	18,490
SU148	4	10	Polished Peacock Ebony/Feather Mahogany	19,995	19,490
S160	5	3	Polished Ebony	21,995	20,090
SU160	5	3	Polished Peacock Ebony/Feather Mahogany	22,995	21,090
S172A	5	8	Polished Ebony	24,995	22,490
SU172A	5	8	Polished Peacock Ebony/Feather Mahogany	25,995	23,490
S187A	6	2	Polished Ebony	27,995	25,490
SU187A	6	2	Polished Peacock Ebony/Feather Mahogany	28,995	27,490

Masterpiece Series Grands
160/GK	5	3	Polished Ebony (spade leg)	55,995	55,995
160/GK	5	3	Polished Briar Mahogany (spade leg)	59,995	59,995
160/GK	5	3	Polished Feather Mahogany (spade leg)	63,995	63,995
197/G5	6	6	Polished Ebony (spade leg)	77,995	76,990
197/G5	6	6	Polished Briar Mahogany (spade leg)	80,995	80,995
197/G5	6	6	Polished Feather Mahogany (spade leg)	84,995	84,995

SCHUMANN
Verticals
C1-112		44	Polished Ebony	5,995	4,990
C1-112		44	Polished Mahogany	6,195	5,390
K1-122		48	Polished Ebony	6,495	5,590
K1-122		48	Polished Mahogany	6,695	5,990
K1-122		48	Polished Walnut/White	6,695	6,190

Grands
GP-152	5		Polished Ebony	11,900	9,590
GP-152	5		Polished Mahogany/White	12,900	10,390
GP-168	5	6	Polished Ebony	14,900	11,990

Model	Feet	Inches	Description	MSRP	SMP
SCHUMANN *(continued)*					
GP-168	5	6	Polished White	15,900	12,590
GP-186	6	2	Polished Ebony	18,995	13,190

SEILER
Seiler Verticals

Model	Feet	Inches	Description	MSRP	SMP
SE-112		43	Modern, Satin Ebony	45,205	34,485
SE-116		45	Primus, Polished Ebony	37,185	28,544
SE-116		45	Mondial, Polished Ebony	39,234	30,062
SE-116		45	Mondial, Polished Rosewood	53,137	40,361
SE-116		45	Console, Polished Ebony	43,214	33,010
SE-116		45	Konzept, Satin Ebony	52,163	39,639
SE-116		45	Konzept, Satin White	52,163	39,639
SE-116		45	Impuls, Polished Ebony	46,941	35,771
SE-116		45	Impuls, Satin Wenge	48,690	37,067
SE-116		45	Clou, Polished Ebony	46,192	35,216
SE-116		45	Accent, Polished Ebony	46,192	35,216
SE-116SC		45	Institutional, Satin Ebony	41,756	31,930
SE-122		48	Primus, Polished Ebony	49,664	37,788
SE-122		48	Passion, Polished Ebony	48,228	36,724
SE-126		49	Console, Polished Ebony	54,936	41,693
SE-126		49	Console, Satin Walnut	56,609	42,933
SE-126		49	Attraction, Polished Ebony	58,795	44,552
SE-126		49	Attraction, Polished Ebony w/Ziricote	76,508	57,673
SE-126R		49	Ritmo-Institutional, Satin Ebony	37,865	29,048
SE-126R		49	Ritmo-Institutional, Polished Ebony	35,906	27,597
SE-132		53	Consert, Polished Ebony	67,414	50,936
SE-132		53	Consert, Polished Ebony w/SMR	70,887	53,509
SE-132R		53	Ritmo-Institutional, Satin Ebony	41,913	32,047
SE-132R		53	Ritmo-Institutional, Polished Ebony	39,954	30,596

Eduard Seiler ED Series Verticals

Model	Feet	Inches	Description	MSRP	SMP
ED-126		49	Primus, Satin Ebony	16,862	13,490
ED-126		49	Primus, Polished Ebony	16,189	12,992
ED-126N		49	Primus, Satin Ebony w/Nickel Hardware	16,979	13,577
ED-126N		49	Primus, Polished Ebony w/Nickel Hardware	16,189	12,992
ED-126M		49	Primus, Satin Ebony w/SMR	18,550	14,741
ED-126M		49	Primus, Polished Ebony w/SMR	17,861	14,230
ED-126M		49	Primus, Polished Lacquer Dark Walnut w/SMR	18,980	15,059
ED-126MN		49	Primus, Satin Ebony w/Nickel Hardware & SMR	18,769	14,903
ED-126MN		49	Primus, Polished Ebony w/Nickel Hardware & SMR	17,861	14,230
ED-126MN		49	Primus, Polished Lacquer Dark Walnut w/Nickel Hardware & SMR	18,982	15,061
ED-126MN		49	Primus, Polished Ebony & Rosewood w/Nickel Hardware & SMR	18,982	15,061
ED-132		52	Konzert, Satin Ebony	17,861	14,230

Acoustic Piano Model & Pricing Guide

Model	Feet	Inches	Description	MSRP	SMP

SEILER *(continued)*

Model	Feet	Inches	Description	MSRP	SMP
ED-132		52	Konzert, Polished Ebony	17,226	13,760
ED-132		52	Konzert, Polished Lacquer Dark Walnut	18,555	14,744
ED-132N		52	Konzert, Satin Ebony w/Nickel Hardware	18,572	14,757
ED-132N		52	Konzert, Polished Ebony w/Nickel Hardware	17,226	13,760
ED-132M		52	Konzert, Satin Ebony w/SMR	19,899	15,740
ED-132M		52	Konzert, Polished Ebony w/SMR	18,986	15,064
ED-132M		52	Konzert, Polished Ebony & Rosewood w/SMR	20,161	15,934
ED-132MN		52	Konzert, Satin Ebony w/Nickel Hardware & SMR	21,599	16,999
ED-132MN		52	Konzert, Polished Ebony w/Nickel Hardware & SMR	18,986	15,064
ED-132MN		52	Konzert, Polished Lacquer Dark Walnut w/Nickel Hardware & SMR	21,079	16,614
ED-132MN		52	Konzert, Polished Ebony & Rosewood w/Nickel Hardware & SMR	21,079	16,614

Eduard Seiler ES Studio Series Verticals

Model	Feet	Inches	Description	MSRP	SMP
ES-126		49	Primus, Satin Ebony	28,995	22,990
ES-126		49	Primus, Polished Ebony	27,495	21,990
ES-132		52	Konzert, Satin Ebony	32,095	24,990
ES-132		52	Konzert, Polished Ebony	30,595	24,190

Johannes Seiler Verticals

Model	Feet	Inches	Description	MSRP	SMP
GS-110NDR		43	Continental Polished Ebony	13,055	12,111
GS-110NDR		43	Continental Polished Lacquer Dark Walnut	13,630	12,600
GS-110NDR		43	Continental Polished Fire-Engine Red	13,630	12,600
GS-110BDR		43	170th Anniv. Polished White/Grey w/Black Hardware	13,630	12,600
GS-112NDR		44	Polished Ebony	13,742	12,695
GS-112NDR		44	Polished Lacquer Dark Walnut	14,356	13,218
GS-112NDR		44	Polished Fire-Engine Red	14,356	13,218
GS-112BDR		44	170th Anniv. Polished White/Grey w/Black Hardware	14,356	13,218
GS-245		45	Satin Ebony	12,870	10,900
GS-245		45	Polished Ebony	12,281	10,447
GS-116N		45.5	Satin Ebony w/Nickel Hardware	12,215	10,396
GS-116N		45.5	Polished Ebony w/Nickel Hardware	12,090	10,300
GS-116N		45.5	Polished Dark Walnut/Blue/Rosewood w/Nickel Hardware	12,478	10,598
GS-247		46.5	Satin Ebony	13,724	11,557
GS-247		46.5	Polished Ebony	12,771	10,824
GS-247		46.5	Satin Walnut	13,724	11,557
GS-647		46.5	Traditional Satin Mahogany	13,045	11,035
GS-647		46.5	Renaissance Satin Walnut	13,045	11,035
GS-647		46.5	French Provincial Satin Cherry	13,045	11,035
GS-122		48.5	Satin Ebony	13,734	11,565
GS-122		48.5	Polished Ebony	12,478	10,598
GS-122		48.5	Polished Lacquer Dark Walnut	13,734	11,565
GS-122		48.5	Polished Ebony & Rosewood	13,734	11,565
GS-122N		48.5	Impulz, Polished Ebony	12,854	10,888
GS-122LID		48.5	Satin Dark Walnut	14,053	11,810

Model	Feet	Inches	Description	MSRP	SMP

SEILER *(continued)*
Seiler Grands

Model	Feet	Inches	Description	MSRP	SMP
SE-168	5	6	Virtuoso, Polished Ebony	124,025	92,870
SE-168	5	6	Virtuoso, Polished Mahogany	148,983	111,358
SE-168 I	5	6	Institutional, Satin Ebony	79,764	60,084
SE-168 I	5	6	Institutional, Polished Ebony	77,805	58,633
SE-186	6	2	Maestro, Polished Ebony	145,648	108,887
SE-186	6	2	Maestro, Polished Mahogany	156,065	116,604
SE-186	6	2	Maestro, Polished Rosewood	166,745	124,515
SE-186	6	2	Maestro, Matte Ebony Ceramic	173,866	129,790
SE-186	6	2	Maestro, Polished Ebony w/Ziricote	157,739	117,844
SE-186	6	2	Louvre, Polished Cherry	196,725	146,722
SE-186	6	2	Florenz, Polished Mahogany	196,725	146,722
SE-186 I	6	2	Institutional, Satin Ebony	86,972	65,424
SE-186 I	6	2	Institutional, Polished Ebony	85,014	63,973
SE-208	6	10	Professional, Polished Ebony	163,273	121,943
SE-214	7		Konzert, Polished Ebony	193,053	144,002
SE-242	8		Konzert, Polished Ebony	216,024	161,018
SE-278	9	2	Konzert, Polished Ebony	340,636	253,323

Eduard Seiler ED Series Grands

Model	Feet	Inches	Description	MSRP	SMP
ED-168	5	6	Virtuoso, Satin Ebony	47,117	35,901
ED-168	5	6	Virtuoso, Polished Ebony	46,443	35,402
ED-168N	5	6	Virtuoso, Satin Ebony w/Nickel Hardware	51,629	39,244
ED-168N	5	6	Virtuoso, Polished Ebony w/Nickel Hardware	46,443	35,402
ED-168HS	5	6	Heritage, Satin Ebony	58,708	44,487
ED-168HS	5	6	Heritage, Polished Ebony	57,159	43,340
ED-186	6	2	Maestro, Satin Ebony	57,323	43,461
ED-186	6	2	Maestro, Polished Ebony	55,649	42,221
ED-186	6	2	Maestro, Polished Ebony & Rosewood	59,009	44,710
ED-186	6	2	Maestro, Polished Macassar/Ziricote	60,031	45,467
ED-186N	6	2	Maestro, Satin Ebony w/Nickel Hardware	59,945	45,404
ED-186N	6	2	Maestro, Polished Ebony w/Nickel Hardware	55,649	42,221
ED-208	6	10	Conservatory Artist, Satin Ebony	78,919	59,459
ED-208	6	10	Conservatory Artist, Polished Ebony	72,849	54,962
ED-208N	6	10	Conservatory Artist, Satin Ebony w/Nickel Hardware	79,406	59,819
ED-208N	6	10	Conservatory Artist, Polished Ebony w/Nickel Hardware	73,343	55,328

Eduard Seiler ES Studio Series Grands

Model	Feet	Inches	Description	MSRP	SMP
ES-168	5	6	Virtuoso, Satin Ebony	61,079	46,598
ES-168	5	6	Virtuoso, Polished Ebony	59,579	45,198
ES-186	6	2	Maestro, Satin Ebony	66,599	52,598
ES-186	6	2	Maestro, Polished Ebony	65,099	51,198

Johannes Seiler Grands

Model	Feet	Inches	Description	MSRP	SMP
GS-149	4	9	Satin Ebony	26,114	19,653
GS-149	4	9	Polished Ebony	24,147	18,248

Acoustic Piano Model & Pricing Guide

Model	Feet	Inches	Description	MSRP	SMP

SEILER (continued)

Model	Feet	Inches	Description	MSRP	SMP
GS-149	4	9	Polished Mahogany/Walnut/White	27,106	20,361
GS-150	5		Satin Ebony	23,170	17,550
GS-150	5		Polished Ebony	22,383	16,988
GS-150	5		Polished Ebony w/Bubinga Accents	25,469	19,192
GS-150B	5		170th Anniv. Polished White/Grey w/Black Hardware	25,469	19,192
GS-150LN	5		Satin Ebony w/Nickel Hardware, round leg	27,017	20,298
GS-150LN	5		Polished Ebony w/Nickel Hardware, round leg	25,469	19,192
GS-150LN	5		Polished Ebony w/Bubinga Accents & Nickel Hardware, round leg	27,630	20,736
GS-150N	5		Satin Ebony w/Nickel Hardware	24,428	18,449
GS-150N	5		Polished Ebony w/Nickel Hardware	22,383	16,988
GS-150N	5		Polished Lacquer Dark Walnut w/Nickel Hardware	24,544	18,531
GS-150N	5		Polished White/Fire-Engine Red/Blue w/Nickel Hardware	26,681	20,058
GS-160	5	3	Satin Ebony	31,722	23,659
GS-160	5	3	Polished Ebony	29,973	22,409
GS-160LN	5	3	Satin Ebony, round leg	35,719	26,514
GS-160LN	5	3	Polished Ebony, round leg	34,095	25,354
GS-160LN	5	3	Polished White, round leg	37,093	27,495
GS-160N	5	3	Satin Ebony w/Nickel Hardware	32,918	24,513
GS-160N	5	3	Polished Ebony w/Nickel Hardware	29,973	22,409
GS-175	5	9	Satin Ebony	34,720	25,800
GS-175	5	9	Polished Ebony	32,971	24,551
GS-175N	5	9	Satin Ebony w/Nickel Hardware	35,747	26,534
GS-175N	5	9	Polished Ebony w/Nickel Hardware	32,971	24,551
GS-186	6	2	Satin Ebony	37,093	27,495
GS-186	6	2	Polished Ebony	35,719	26,514
GS-186N	6	2	Satin Ebony w/Nickel Hardware	36,954	27,396
GS-186N	6	2	Polished Ebony w/Nickel Hardware	35,719	26,514
GS-208	6	10	Satin Ebony	40,783	30,131
GS-208	6	10	Polished Ebony	39,346	29,104
GS-208N	6	10	Satin Ebony w/Nickel Hardware	40,541	29,958
GS-208N	6	10	Polished Ebony w/Nickel Hardware	39,346	29,104

STEINBERG, G.

Verticals

Model		Inches	Description	MSRP	SMP
RH-111 Nicosia		45	Polished Ebony	7,580	7,220
RH-111 Nicosia		45	Polished Mahogany/Walnut	7,800	7,430
RH-111 Nicosia		45	Polished White	8,020	7,640
RH-115 Slate		45	Polished Ebony	7,800	7,430
RH-115 Slate		45	Polished Mahogany/Walnut	7,930	7,550
RH-115 Slate		45	Polished White	8,170	7,780
RH-115 Slate		45	Queen Anne Polished Ebony	7,930	7,550
RH-115 Slate		45	Queen Anne Polished Mahogany/Walnut	8,040	7,660
RH-115 Slate		45	Queen Anne Polished White	8,280	7,880

Model	Feet	Inches	Description	MSRP	SMP
STEINBERG, G. *(continued)*					
RH-119 Splendit		47	Polished Ebony	8,250	7,860
RH-119 Splendit		47	Polished Mahogany/Walnut	8,480	8,070
RH-119 Splendit		47	Polished White	8,690	8,280
RH-119 Splendit		47	Queen Anne Polished Ebony	8,370	7,970
RH-119 Splendit		47	Queen Anne Polished Mahogany/Walnut	8,590	8,180
RH-119 Splendit		47	Queen Anne Polished White	8,790	8,380
RH-123 Performance		49	Polished Ebony	8,480	8,070
RH-123 Performance		49	Queen Anne Polished Ebony	8,690	8,280
RH-126 Sienna		50	Polished Ebony	9,130	8,700
RH-126 Sienna		50	Queen Anne Polished Ebony	9,340	8,900
Grands					
GBT-152 Sovereign	5	1	Polished Ebony	15,450	14,710
GBT-152 Sovereign	5	1	Polished Mahogany/Walnut	16,610	15,820
GBT-152 Sovereign	5	1	Polished White	16,970	16,160
GBT-152 Sovereign	5	1	Queen Anne or Empire Polished Ebony	15,880	15,120
GBT-152 Sovereign	5	1	Queen Anne or Empire Polished Mahogany/Walnut	17,110	16,290
GBT-152 Sovereign	5	1	Queen Anne or Empire Polished White	17,390	16,560
GBT-160 Stockholm	5	5	Polished Ebony	17,750	16,910
GBT-160 Stockholm	5	5	Polished Mahogany/Walnut	18,850	17,950
GBT-160 Stockholm	5	5	Polished White	19,070	18,160
GBT-160 Stockholm	5	5	Queen Anne or Empire Polished Ebony	18,050	17,190
GBT-160 Stockholm	5	5	Queen Anne or Empire Polished Mahogany/Walnut	19,370	18,450
GBT-160 Stockholm	5	5	Queen Anne or Empire Polished White	19,590	18,660
GBT-175 Schwerin	5	10	Polished Ebony	18,490	17,620
GBT-175 Schwerin	5	10	Polished Mahogany/Walnut	20,040	19,080
GBT-175 Schwerin	5	10	Polished White	20,250	19,280
GBT-175 Schwerin	5	10	Queen Anne or Empire Polished Ebony	19,070	18,160
GBT-175 Schwerin	5	10	Queen Anne or Empire Polished Mahogany/Walnut	20,380	19,410
GBT-175 Schwerin	5	10	Queen Anne or Empire Polished White	20,590	19,620
GBT-187 Amsterdam	6	2	Polished Ebony	19,730	18,790
GBT-187 Amsterdam	6	2	Polished Mahogany/Walnut	20,820	19,820
GBT-187 Amsterdam	6	2	Polished White	21,030	20,030
GBT-187 Amsterdam	6	2	Queen Anne or Empire Polished Ebony	20,060	19,100
GBT-187 Amsterdam	6	2	Queen Anne or Empire Polished Mahogany/Walnut	21,260	20,240
GBT-187 Amsterdam	6	2	Queen Anne or Empire Polished White	21,470	20,450

Model	Feet	Inches	Description	MSRP	SMP

STEINBERG, WILH.
Performance Series Verticals

Model	Feet	Inches	Description	MSRP	SMP
P118		45.5	Polished Ebony	9,350	7,233
P118		45.5	Polished White	10,670	8,113
P118C		45.5	Polished Ebony w/Chrome Hardware	9,525	7,350
P118C		45.5	Polished White w/Chrome Hardware	10,845	8,230
P121		47.5	Polished Ebony	10,670	8,113
P121		47.5	Polished White	12,165	9,110
P125E		49.5	Polished Ebony	12,750	9,500
P125EC		49.5	Polished Ebony w/Chrome Hardware	12,930	9,620

Signature Series Verticals

Model	Feet	Inches	Description	MSRP	SMP
S125		49	Polished Ebony	36,210	25,140
S125		49	Polished White	39,270	27,180
S125		49	Satin Mahogany/Walnut	39,615	27,410
S125		49	Polished Alder	40,815	28,210
S130		51	Polished Ebony	42,780	29,520
S130		51	Polished White	46,170	31,780
S130		51	Satin Mahogany/Walnut	46,515	32,010
S130		51	Polished Alder	48,030	33,020

Performance Series Grands

Model	Feet	Inches	Description	MSRP	SMP
P152	5		Polished Ebony	24,360	17,240
P152	5		Polished White	26,880	18,920
P165	5	5	Polished Ebony	28,690	20,127
P165	5	5	Polished White	31,210	21,807
P178	5	10	Polished Ebony	39,420	27,280

Signature Series Grands

Model	Feet	Inches	Description	MSRP	SMP
S188	6	2	Polished Ebony	91,710	62,140
S212	6	11	Polished Ebony	101,940	68,960

STEINGRAEBER & SÖHNE
Prices include bench. Prices subject to change due to increases in shipping costs.
Verticals

Model	Feet	Inches	Description	MSRP	SMP
122 T		48	Satin and Polished Ebony	54,860	53,610
122 T		48	Satin and Polished White	55,930	54,680
122 T		48	Polished Ebony w/Twist & Change Panels	61,920	60,670
122 T		48	Satin Ordinary Veneers	67,000	65,750
122 T		48	Polished Ordinary Veneers	73,660	72,410
122 T		48	Satin Special Veneers	69,290	68,040
122 T		48	Polished Special Veneers	75,940	74,690
122 T		48	Satin Extraordinary Veneers	84,200	82,950
122 T		48	Polished Extraordinary Veneers	90,880	89,630
122 T-SFM		48	Satin and Polished Ebony	58,010	56,760

Model	Feet	Inches	Description	MSRP	SMP

STEINGRAEBER & SÖHNE *(continued)*

Model	Feet	Inches	Description	MSRP	SMP
122 T-SFM		48	Satin and Polished White	59,060	57,810
122 T-SFM		48	Polished Ebony w/Twist & Change Panels	65,070	63,820
122 T-SFM		48	Satin Ordinary Veneers	70,150	68,900
122 T-SFM		48	Polished Ordinary Veneers	76,780	75,530
122 T-SFM		48	Satin Special Veneers	72,400	71,150
122 T-SFM		48	Polished Special Veneers	79,120	77,870
122 T-SFM		48	Satin Extraordinary Veneers	87,350	86,100
122 T-SFM		48	Polished Extraordinary Veneers	94,050	92,800
130 T-PS		51	Satin and Polished Ebony	70,000	68,750
130 T-PS		51	Satin and Polished White	71,070	69,820
130 T-PS		51	Polished Ebony w/Twist & Change Panels	77,060	75,810
130 T-PS		51	Satin Ordinary Veneers	82,100	80,850
130 T-PS		51	Polished Ordinary Veneers	88,800	87,550
130 T-PS		51	Satin Special Veneers	84,410	83,160
130 T-PS		51	Polished Special Veneers	91,090	89,840
130 T-PS		51	Satin Extraordinary Veneers	99,360	98,110
130 T-PS		51	Polished Extraordinary Veneers	106,040	104,790
130 T-SFM		51	Satin and Polished Ebony	71,390	70,140
130 T-SFM		51	Satin and Polished White	72,440	71,190
130 T-SFM		51	Polished Ebony w/Twist & Change Panels	78,440	77,190
130 T-SFM		51	Satin Ordinary Veneers	83,480	82,230
130 T-SFM		51	Polished Ordinary Veneers	90,200	88,950
130 T-SFM		51	Satin Special Veneers	85,770	84,520
130 T-SFM		51	Polished Special Veneers	92,470	91,220
130 T-SFM		51	Satin Extraordinary Veneers	100,720	99,470
130 T-SFM		51	Polished Extraordinary Veneers	107,380	106,130
138 K		54	Satin and Polished Ebony	74,260	73,010
138 K		54	Satin and Polished White	75,310	74,060
138 K		54	Polished Ebony w/Twist & Change Panels	81,300	80,050
138 K		54	Satin Ordinary Veneers	86,380	85,130
138 K		54	Polished Ordinary Veneers	93,080	91,830
138 K		54	Satin Special Veneers	88,650	87,400
138 K		54	Polished Special Veneers	95,370	94,120
138 K		54	Satin Extraordinary Veneers	103,620	102,370
138 K		54	Polished Extraordinary Veneers	110,280	109,030
138 K-SFM		54	Satin and Polished Ebony	77,390	76,140
138 K-SFM		54	Satin and Polished White	78,490	77,240
138 K-SFM		54	Polished Ebony w/Twist & Change Panels	84,450	83,200
138 K-SFM		54	Satin Ordinary Veneers	89,550	88,300
138 K-SFM		54	Polished Ordinary Veneers	96,230	94,980
138 K-SFM		54	Satin Special Veneers	91,840	90,590
138 K-SFM		54	Polished Special Veneers	98,520	97,270
138 K-SFM		54	Satin Extraordinary Veneers	106,730	105,480
138 K-SFM		54	Polished Extraordinary Veneers	113,450	112,200

Acoustic Piano Model & Pricing Guide

Model	Feet	Inches	Description	MSRP	SMP

STEINGRAEBER & SÖHNE (continued)

Grands

Model	Feet	Inches	Description	MSRP	SMP
A-170	5	7	Satin and Polished Ebony	129,380	128,130
A-170	5	7	Satin and Polished Ebony w/Mozart Rail	139,650	138,400
A-170	5	7	Satin and Polished White	132,260	131,010
A-170	5	7	Satin and Polished Ordinary Veneers	147,170	145,920
A-170	5	7	Satin and Polished Special Veneers	149,140	147,890
A-170	5	7	Satin and Polished Extraordinary Veneers	159,520	158,270
A-170 S	5	7	Studio Lacquer Anti-Scratch	125,120	123,870
B-192	6	3	Satin and Polished Ebony	149,080	147,830
B-192	6	3	Satin and Polished Ebony w/Mozart Rail	159,350	158,100
B-192	6	3	Satin and Polished White	151,940	150,690
B-192	6	3	Satin and Polished Ordinary Veneers	168,800	167,550
B-192	6	3	Satin and Polished Special Veneers	170,940	169,690
B-192	6	3	Satin and Polished Extraordinary Veneers	182,550	181,300
B-192 S	6	3	Studio Lacquer Anti-Scratch	144,210	142,960
C-212	7		Satin and Polished Ebony	170,040	168,790
C-212	7		Satin and Polished Ebony w/Sordino Pedal and Mozart Rail	192,890	191,640
C-212	7		Satin and Polished White	172,890	171,640
C-212	7		Satin and Polished Ordinary Veneers	191,120	189,870
C-212	7		Satin and Polished Special Veneers	193,520	192,270
C-212	7		Satin and Polished Extraordinary Veneers	206,350	205,100
C-212 S	7		Studio Lacquer Anti-Scratch	164,120	162,870
D-232	7	7	Satin and Polished Ebony	199,490	198,240
D-232	7	7	Satin and Polished Ebony w/Sordino Pedal and Mozart Rail	222,340	221,090
D-232	7	7	Satin and Polished White	202,240	200,990
D-232	7	7	Satin and Polished Ordinary Veneers	222,000	220,750
D-232	7	7	Satin and Polished Special Veneers	224,550	223,300
D-232	7	7	Satin and Polished Extraordinary Veneers	238,150	236,900
D-232 S	7	7	Studio Lacquer Anti-Scratch	193,320	192,070
E	9	0.5	Satin and Polished Ebony w/Sordino Pedal and Mozart Rail	295,320	294,070
E	9	0.5	Satin and Polished White w/Sordino Pedal and Mozart Rail	298,280	297,030
E	9	0.5	Satin and Polished Ordinary Veneers w/Sordino Pedal and Mozart Rail	323,140	321,890
E	9	0.5	Satin and Polished Special Veneers w/Sordino Pedal and Mozart Rail	325,350	324,100
E	9	0.5	Satin and Polished Extraordinary Veneers w/Sordino Pedal and Mozart Rail	343,450	342,200

Model	Feet	Inches	Description	MSRP	SMP

STEINWAY & SONS

These are the prices at the Steinway retail store in New York City, often used as a benchmark for Steinway prices throughout the country. Model K-52 in satin ebony and grand models in ebony, mahogany, and walnut include adjustable artist benches. Other grand models include regular wood bench. Except as noted, all wood-veneered models are now finished in high-gloss polyester.

Verticals

Model	Feet	Inches	Description	MSRP	SMP
K-52		52	Satin Ebony	46,900	46,900
K-52		52	Polished Ebony (Hamburg, bench not incl.)	52,900	52,900

Grands

Model	Feet	Inches	Description	MSRP	SMP
S	5	1	Satin and Polished Ebony	80,100	80,100
S	5	1	Polished Ebony w/Sterling Hardware	84,100	84,100
S	5	1	Polished Ebony w/White/Color Pops Accessories	92,200	92,200
S	5	1	Polished White	92,200	92,200
S	5	1	Polished Custom Color	101,500	101,500
S	5	1	Jet Noir Polished Ebony w/Black Plate	96,100	96,100
S	5	1	Polished Mahogany	112,600	112,600
S	5	1	Polished Tiger Mahogany	112,600	112,600
S	5	1	Polished Walnut	114,600	114,600
S	5	1	Polished Amberwood	112,600	112,600
S	5	1	Polished Applewood	112,600	112,600
S	5	1	Polished Figured Sapele	114,100	114,100
S	5	1	Polished Figured Sycamore	114,600	114,600
S	5	1	Polished Kewazinga Bubinga	114,600	114,600
S	5	1	Polished Padauk	118,100	118,100
S	5	1	Polished Santos Rosewood	118,100	118,100
S	5	1	Polished East Indian Rosewood	129,100	129,100
S	5	1	Polished Koa	114,100	114,100
S	5	1	Polished African Pommele	114,100	114,100
S	5	1	Polished Macassar Ebony	134,100	134,100
S	5	1	Polished Ziricote	129,100	129,100
M	5	7	Satin and Polished Ebony	86,200	86,200
M	5	7	Polished Ebony w/Sterling Hardware	90,200	90,200
M	5	7	Polished White	99,200	99,200
M	5	7	Polished Custom Color	109,200	109,200
M	5	7	Polished Ebony w/White/Color Pops Accessories	99,200	99,200
M	5	7	Jet Noir Polished Ebony w/Black Plate	102,200	102,200
M	5	7	Polished Mahogany	118,700	118,700
M	5	7	Poished Tiger Mahogany	118,700	118,700
M	5	7	Polished Walnut	120,700	120,700
M	5	7	Polished Amberwood	118,700	118,700
M	5	7	Polished Applewood	118,700	118,700
M	5	7	Polished Figured Sapele	120,200	120,200
M	5	7	Polished Figured Sycamore	120,700	120,700
M	5	7	Polished Kewazinga Bubinga	120,700	120,700
M	5	7	Polished Padauk	124,200	124,200
M	5	7	Polished Santos Rosewood	124,200	124,200
M	5	7	Polished East Indian Rosewood	135,200	135,200

Acoustic Piano Model & Pricing Guide

Model	Feet	Inches	Description	MSRP	SMP
STEINWAY & SONS *(continued)*					
M	5	7	Polished Koa	120,200	120,200
M	5	7	Polished African Pommele	120,200	120,200
M	5	7	John Lennon Imagine Polished White	133,300	133,300
M	5	7	Polished Macassar Ebony	140,200	140,200
M	5	7	Polished Ziricote	135,200	135,200
M 1014A	5	7	Chippendale Satin Mahogany	145,500	145,500
M 1014A	5	7	Chippendale Satin Walnut	148,900	148,900
M 501A	5	7	Louis XV Satin Walnut	175,500	175,500
M 501A	5	7	Louis XV Satin East Indian Rosewood	197,900	197,900
M Sketch 1111	5	7	The Teague Satin and Polished Ebony (Spirio only, included)	135,900	135,900
M Sketch 1111	5	7	The Teague Satin Walnut (Spirio only, included)	149,700	149,700
M			Spirio Play (playback only) Player Piano System, add	27,500	27,500
M			Spirio I r (playback & record) Player Piano System, add	45,000	45,000
O	5	10.5	Satin and Polished Ebony	95,800	95,800
O	5	10.5	Polished Ebony w/Sterling Hardware	99,800	99,800
O	5	10.5	Polished White	110,200	110,200
O	5	10.5	Polished Custom Color	121,300	121,300
O	5	10.5	Polished Ebony w/White/Color Pops Accessories	110,200	110,200
O	5	10.5	Jet Noir Polished Ebony w/Black Plate	111,800	111,800
O	5	10.5	Polished Mahogany	128,300	128,300
O	5	10.5	Polished Tiger Mahogany	128,300	128,300
O	5	10.5	Polished Walnut	130,300	130,300
O	5	10.5	Polished Amberwood	128,300	128,300
O	5	10.5	Polished Applewood	128,300	128,300
O	5	10.5	Polished Figured Sapele	129,800	129,800
O	5	10.5	Polished Figured Sycamore	130,300	130,300
O	5	10.5	Polished Kewazinga Bubinga	130,300	130,300
O	5	10.5	Polished Padauk	133,800	133,800
O	5	10.5	Polished Santos Rosewood	133,800	133,800
O	5	10.5	Polished East Indian Rosewood	144,800	144,800
O	5	10.5	Polished Koa	129,800	129,800
O	5	10.5	Polished African Pommele	129,800	129,800
O	5	10.5	John Lennon Imagine Polished White	143,600	143,600
O	5	10.5	Polished Macassar Ebony	149,800	149,800
O	5	10.5	Polished Ziricote	144,800	144,800
A	6	2	Satin and Polished Ebony	110,500	110,500
A	6	2	Polished Ebony w/Sterling Hardware	114,500	114,500
A	6	2	Polished White	127,100	127,100
A	6	2	Polished Custom Color	139,900	139,900
A	6	2	Polished Ebony w/White/Color Pops Accessories	127,100	127,100
A	6	2	Jet Noir Polished Ebony w/Black Plate	126,500	126,500
A	6	2	Polished Mahogany	152,000	152,000
A	6	2	Polished Tiger Mahogany	152,000	152,000
A	6	2	Polished Walnut	154,000	154,000
A	6	2	Polished Amberwood	152,000	152,000

Model	Feet	Inches	Description	MSRP	SMP

STEINWAY & SONS *(continued)*

Model	Feet	Inches	Description	MSRP	SMP
A	6	2	Polished Applewood	152,000	152,000
A	6	2	Polished Figured Sapele	153,500	153,500
A	6	2	Polished Figured Sycamore	154,000	154,000
A	6	2	Polished Kewazinga Bubinga	154,000	154,000
A	6	2	Polished Padauk	157,500	157,500
A	6	2	Polished Santos Rosewood	157,500	157,500
A	6	2	Polished East Indian Rosewood	174,500	174,500
A	6	2	Polished Koa	153,500	153,500
A	6	2	Polished African Pommele	153,500	153,500
A	6	2	John Lennon Imagine Polished White	168,500	168,500
A	6	2	Polished Macassar Ebony	189,500	189,500
A	6	2	Polished Ziricote	174,500	174,500
B	6	10.5	Satin and Polished Ebony	124,900	124,900
B	6	10.5	Polished Ebony w/Sterling Hardware	128,900	128,900
B	6	10.5	Polished White	143,700	143,700
B	6	10.5	Polished Custom Color	158,100	158,100
B	6	10.5	Polished Ebony w/White/Color Pops Accessories	143,700	143,700
B	6	10.5	Jet Noir Polished Ebony w/Black Plate	140,900	140,900
B	6	10.5	Polished Mahogany	167,400	167,400
B	6	10.5	Polished Tiger Mahogany	167,400	167,400
B	6	10.5	Polished Walnut	169,400	169,400
B	6	10.5	Polished Amberwood	167,400	167,400
B	6	10.5	Polished Applewood	167,400	167,400
B	6	10.5	Polished Figured Sapele	168,900	168,900
B	6	10.5	Polished Figured Sycamore	169,400	169,400
B	6	10.5	Polished Kewazinga Bubinga	169,400	169,400
B	6	10.5	Polished Padauk	172,900	172,900
B	6	10.5	Polished Santos Rosewood	172,900	172,900
B	6	10.5	Polished East Indian Rosewood	198,900	198,900
B	6	10.5	Polished Koa	168,900	168,900
B	6	10.5	Polished African Pommele	168,900	168,900
B	6	10.5	John Lennon Imagine Polished White	182,800	182,800
B	6	10.5	Polished Macassar Ebony	213,900	213,900
B	6	10.5	Polished Ziricote	198,900	198,900
B	6	10.5	Astor Polished Ebony	135,900	135,900
B			Spirio Play (playback only) Player Piano System, add	27,500	27,500
B			Spirio l r (playback & record) Player Piano System, add	45,000	45,000
D	8	11.75	Satin and Polished Ebony	198,400	198,400
D	8	11.75	Polished Ebony w/Sterling Hardware	202,400	202,400
D	8	11.75	Polished White	228,200	228,200
D	8	11.75	Polished Custom Color	251,100	251,100
D	8	11.75	Polished Ebony w/White/Color Pops Accessories	228,200	228,200
D	8	11.75	Jet Noir Polished Ebony w/Black Plate	214,400	214,400
D	8	11.75	Polished Mahogany	275,900	275,900
D	8	11.75	Polished Tiger Mahogany	275,900	275,900

Acoustic Piano Model & Pricing Guide

Model	Feet	Inches	Description	MSRP	SMP

STEINWAY & SONS (continued)

Model	Feet	Inches	Description	MSRP	SMP
D	8	11.75	Polished Walnut	282,900	282,900
D	8	11.75	Polished Amberwood	275,900	275,900
D	8	11.75	Polished Applewood	275,900	275,900
D	8	11.75	Polished Figured Sapele	277,400	277,400
D	8	11.75	Polished Figured Sycamore	282,900	282,900
D	8	11.75	Polished Kewazinga Bubinga	282,900	282,900
D	8	11.75	Polished Padauk	286,400	286,400
D	8	11.75	Polished Santos Rosewood	286,400	286,400
D	8	11.75	Polished East Indian Rosewood	327,400	327,400
D	8	11.75	Polished Koa	277,400	277,400
D	8	11.75	Polished African Pommele	277,400	277,400
D	8	11.75	John Lennon Imagine Polished White	256,900	256,900
D	8	11.75	Polished Macassar Ebony	352,400	352,400
D	8	11.75	Polished Ziricote	327,400	327,400
D	8	11.75	Spirio l r (playback & record) Player Piano System, add	45,000	45,000
All Grands			Skyline, Qing Ming, add'l	31,900	31,900
All Grands			Skyline, NY, add'l	23,500	23,500
All Grands except D			Duet Option, add'l	40,000	40,000

Steinway (Hamburg) Grands

I frequently get requests for prices of pianos made in Steinway's branch factory in Hamburg, Germany. Officially, these pianos are not sold in North America, but it is possible to order one through an American Steinway dealer, or to go to Europe and purchase one there. The following list shows approximately how much it would cost to purchase a Hamburg Steinway in Europe and have it shipped to the United States. The list was derived by taking the published retail price in Europe, subtracting the value-added tax not applicable to foreign purchasers, converting to U.S. dollars (the rate used here is 1 Euro = $1.15, but is obviously subject to change), and adding approximate charges for duty, air freight, crating, insurance, brokerage fees, and delivery. Only prices for grands in polished ebony are shown here. Caution: This list is published for general informational purposes only. The price that Steinway would charge for a piano ordered through an American Steinway dealer may be different. (Also, the cost of a trip to Europe to purchase the piano is not included.)

Model	Feet	Inches	Description		
S-155	5	1	Polished Ebony	95,000	95,000
M-170	5	7	Polished Ebony	98,000	98,000
O-180	5	10.5	Polished Ebony	108,200	108,200
A-188	6	2	Polished Ebony	110,700	110,700
B-211	6	11	Polished Ebony	127,900	127,900
C-227	7	5.5	Polished Ebony	144,100	144,100
D-274	8	11.75	Polished Ebony	193,100	193,100

STORY & CLARK

All Story & Clark pianos include PNOscan, and USB and MIDI connectivity. In addition, all grands now include a QRS PNOmation player-piano system. Prices shown are those for online sales through www.qrsmusic.com.

Heritage Series Verticals

Model		Inches	Description		
H7		46	Academy Polished Ebony		5,395

Model	Feet	Inches	Description	MSRP	SMP

STORY & CLARK *(continued)*
Heritage Series Grands

Model	Feet	Inches	Description	MSRP	SMP
H50A	4	11	Prelude Polished Ebony/Mahogany		16,695
H60 QA	5		French Provincial Polished Ebony		17,495
H60 QA	5		French Provincial Satin Lacquer and Polished Mahogany		17,595
H60A	5	3	Academy Satin and Polished Ebony		17,495
H60A	5	3	Academy Polished Mahogany		17,495
H60A	5	3	Academy Polished White		17,995
H80	6	1	Professional Polished Ebony		21,395

WALTER, CHARLES R.
Verticals

Model	Feet	Inches	Description	MSRP	SMP
1520		43	Satin and Polished Walnut		20,150
1520		43	Satin and Polished Cherry		20,088
1520		43	Satin and Polished Oak		19,442
1520		43	Satin and Polished Mahogany		20,502
1520		43	Italian Provincial Satin and Polished Walnut		20,388
1520		43	Italian Provincial Satin and Polished Mahogany		20,542
1520		43	Italian Provincial Satin and Polished Oak		19,884
1520		43	Country Classic Satin and Polished Cherry		19,914
1520		43	Country Classic Satin and Polished Oak		19,576
1520		43	French Provincial Satin and Polished Oak		20,188
1520		43	French Provincial Satin and Polished Cherry/Walnut/Mahogany		20,776
1520		43	Riviera Satin and Polished Oak		19,588
1520		43	Queen Anne Satin and Polished Oak		20,348
1520		43	Queen Anne Satin and Polished Mahogany/Cherry		20,776
1500		45	Satin Ebony		18,778
1500		45	Semi-Gloss Ebony		19,130
1500		45	Polished Ebony (Lacquer)		19,342
1500		45	Polished Ebony (Polyester)		19,736
1500		45	Satin and Polished Oak		18,390
1500		45	Satin and Polished Walnut		18,976
1500		45	Satin and Polished Mahogany		19,248
1500		45	Satin and Polished Gothic Oak		18,996
1500		45	Satin and Polished Cherry		19,388
Verticals			Renner (German) action, add		1,500

Grands

Model	Feet	Inches	Description	MSRP	SMP
W-175	5	9	Satin Ebony		82,758
W-175	5	9	Semi-Polished Ebony		84,622
W-175	5	9	Polished Ebony (Lacquer)		86,622
W-175	5	9	Polished Ebony (Polyester)		88,622
W-175	5	9	Satin Mahogany/Walnut/Cherry		89,400
W-175	5	9	Semi-Polished Mahogany/Walnut/Cherry		90,600

Acoustic Piano Model & Pricing Guide

Model	Feet	Inches	Description	MSRP	SMP

WALTER, CHARLES R. *(continued)*

Model	Feet	Inches	Description	MSRP	SMP
W-175	5	9	Polished Mahogany/Walnut/Cherry		91,000
W-175	5	9	Open-Pore Walnut		87,400
W-175	5	9	Satin Oak		79,940
W-175	5	9	Chippendale Satin Mahogany/Cherry		93,400
W-175	5	9	Chippendale Semi-Polished Mahogany/Cherry		93,800
W-175	5	9	Chippendale Polished Mahogany/Cherry		94,200
W-190	6	4	Satin Ebony		87,000
W-190	6	4	Semi-Polished Ebony		88,000
W-190	6	4	Polished Ebony (Lacquer)		90,000
W-190	6	4	Polished Ebony (Polyester)		92,000
W-190	6	4	Satin Mahogany/Walnut/Cherry		92,800
W-190	6	4	Semi-Polished Mahogany/Walnut/Cherry		94,000
W-190	6	4	Polished Mahogany/Walnut/Cherry		94,400
W-190	6	4	Open-Pore Walnut		90,800
W-190	6	4	Satin Oak		84,940
W-190	6	4	Chippendale Satin Mahogany/Cherry		97,400
W-190	6	4	Chippendale Semi-Polished Mahogany/Cherry		97,800
W-190	6	4	Chippendale Polished Mahogany/Cherry		98,200

WEBER

Weber Verticals

Model	Feet	Inches	Description	MSRP	SMP
W114		45	Polished Ebony	6,390	6,080
W114		45	Polished Mahogany	6,690	6,280
W121		48	Polished Ebony	7,190	6,780
W121		48	Polished Mahogany/Walnut/White	7,490	6,980
W131		52	Polished Ebony	7,890	7,180

Albert Weber Verticals

Model	Feet	Inches	Description	MSRP	SMP
AW 121		48	Polished Ebony	11,890	9,980
AW 121		48	Satin Mahogany	11,990	10,380
AW 121E		48	Polished Ebony w/Chrome	12,790	10,980
AW 131		52	Satin Ebony	14,200	12,780
AW 131		52	Polished Ebony	14,090	11,980

Weber Grands

Model	Feet	Inches	Description	MSRP	SMP
W150	4	11	Polished Ebony	14,490	12,580
W150	4	11	Polished Mahogany/Walnut/White	14,790	12,980
W150SP	4	11	Polished Ebony w/Chrome	15,190	13,180
W150SP	4	11	Polished White w/Chrome	15,290	13,380
W157	5	2	Polished Ebony	15,490	13,380
W157	5	2	Polished Mahogany	15,990	13,980
W175	5	9	Polished Ebony	17,490	14,780
W185	6	1	Polished Ebony	21,490	17,780

Model	Feet	Inches	Description	MSRP	SMP

WEBER *(continued)*
Albert Weber Grands

Model	Feet	Inches	Description	MSRP	SMP
AW 185	6	1	Polished Ebony	37,550	30,180
AW 208	6	10	Polished Ebony	46,350	36,780
AW 228	7	6	Polished Ebony	64,390	50,780
AW 275	9		Polished Ebony	116,190	88,780

WENDL & LUNG
Verticals

Model		Inches	Description	MSRP	SMP
123		48	Polished Ebony	35,648	21,370
123		48	Polished Mahogany/Walnut	37,048	22,170
126		49.5	Polished Ebony	39,507	23,576
126		49.5	Polished Mahogany/Walnut	40,908	24,376
130		51	Polished Ebony	43,747	25,998
130		51	Polished Mahogany/Walnut	45,147	26,798

Grands

Model	Feet	Inches	Description	MSRP	SMP
152	5		Polished Ebony	55,692	32,824
162	5	4	Polished Ebony	64,024	37,586
180	5	11	Polished Ebony	78,745	45,998
218	7	2	Polished Ebony	131,245	75,998

YAMAHA
Including Disklavier, Silent, and TransAcoustic Pianos
Verticals

Model		Inches	Description	MSRP	SMP
b1		43	Continental Polished Ebony	5,399	5,399
b1		43	Continental Polished Ebony with Chrome Accents	5,499	5,499
b1		43	Continental Polished White	5,499	5,499
M560		44	Hancock Satin Brown Cherry	8,899	8,899
b2		45	Polished Ebony	7,499	7,284
b2		45	Polished Ebony with Chrome Accents	7,699	7,484
b2		45	Polished Mahogany/Walnut/White	7,899	7,684
P22D		45	Satin Ebony	8,799	8,472
P22D		45	Satin Walnut/Dark Oak	9,199	8,873
P660		45	Sheraton Satin Brown Mahogany	10,899	10,899
P660		45	Queen Anne Satin Brown Cherry	10,899	10,899
b3		48	Polished Ebony	9,299	8,649
b3		48	Polished Ebony with Chrome Accents	9,499	8,850
b3		48	Polished Mahogany/Walnut/White	9,999	9,040
U1		48	Satin and Polished Ebony	11,999	11,999
U1		48	Satin American Walnut	14,299	14,299
U1		48	Polished Mahogany/White	14,299	14,299
YUS1		48	Satin and Polished Ebony	16,999	16,259

Acoustic Piano Model & Pricing Guide

Model	Feet	Inches	Description	MSRP	SMP

YAMAHA *(continued)*

Model		Inches	Description	MSRP	SMP
YUS1		48	Satin American Walnut	20,499	19,441
YUS1		48	Polished Mahogany/White	20,499	19,441
U3		52	Polished Ebony	15,699	15,171
U3		52	Satin American Walnut	17,999	17,682
U3		52	Polished Mahogany	17,999	17,682
YUS3		52	Polished Ebony	20,699	19,642
YUS3		52	Polished Mahogany	23,799	22,423
YUS5		52	Polished Ebony	42,499	40,343
SU7		52	Polished Ebony	42,499	40,789

Disklavier Verticals

Model		Inches	Description	MSRP	SMP
DU1ENST		48	Satin and Polished Ebony	29,099	27,558
DU1ENST		48	Satin American Walnut	31,199	29,698
DU1ENST		48	Polished Mahogany/White	31,199	29,698
DYUS1ENST		48	Satin and Polished Ebony	33,799	31,098
DYUS1ENST		48	Satin American Walnut	37,099	34,098
DYUS1ENST		48	Polished Mahogany/White	37,099	34,098
DYUS5ENST		52	Polished Ebony	39,399	36,298

Silent and TransAcoustic Verticals

Model		Inches	Description	MSRP	SMP
b1SC2		43	Polished Ebony	9,499	9,498
b1SC2		43	Polished Ebony with Chrome Accents	9,599	9,599
b1SC2		43	Polished White	9,599	9,599
b2SC2		45	Polished Ebony	11,499	10,498
b2SC2		45	Polished Ebony with Chrome Accents	11,699	10,698
b2SC2		45	Polished Mahogany/Walnut/White	11,899	10,898
P22DSC2		45	Satin Ebony	12,599	11,498
P22DSC2		45	Satin Walnut/Dark Oak	12,999	11,898
b3SC2		48	Polished Ebony	13,099	11,698
b3SC2		48	Polished Ebony with Chrome Accents	13,299	11,898
b3SC2		48	Polished Mahogany/Walnut/White	13,899	12,198
U1SH2		48	Satin and Polished Ebony	15,899	15,558
U1SH2		48	Satin American Walnut	17,999	17,698
U1SH2		48	Polished Mahogany/White	17,999	17,698
U1TA2		48	Polished Ebony	17,899	17,558
YUS1SH2		48	Satin and Polished Ebony	20,599	19,098
YUS1SH2		48	Satin American Walnut	23,899	22,098
YUS1SH2		48	Polished Mahogany/White	23,899	22,098
YUS1TA2		48	Polished Ebony	22,599	21,098
U3SH2		52	Polished Ebony	19,399	18,098
U3SH2		52	Polished Mahogany	21,599	20,498
U3SH2		52	Satin American Walnut	21,599	20,498
YUS3SH2		52	Polished Ebony	24,099	22,298
YUS3SH2		52	Polished Mahogany	26,999	24,898
YUS3TA2		52	Polished Ebony	26,099	24,298
YUS5SH2		52	Polished Ebony	26,199	24,298
YUS5TA2		52	Polished Ebony	28,199	26,298

Model	Feet	Inches	Description	MSRP	SMP

YAMAHA *(continued)*
Grands

Model	Feet	Inches	Description	MSRP	SMP
GB1K	5		Polished Ebony	15,999	15,057
GB1K	5		Polished American Walnut/Mahogany/White	18,599	17,337
GB1K	5		French Provincial Satin Cherry	20,799	20,059
GB1K	5		Georgian Satin Mahogany	19,799	19,587
GC1M	5	3	Satin and Polished Ebony	25,899	25,687
GC1M	5	3	Satin American Walnut	32,999	30,362
GC1M	5	3	Polished Mahogany/White	32,999	30,362
C1X	5	3	Satin and Polished Ebony	39,899	35,803
C1X	5	3	Satin American Walnut	48,699	43,184
C1X	5	3	Polished Mahogany/White	48,699	43,184
GC2	5	8	Satin and Polished Ebony	30,999	28,806
GC2	5	8	Satin American Walnut	36,599	33,653
GC2	5	8	Polished Mahogany/White	36,599	33,653
C2X	5	8	Satin and Polished Ebony	45,999	42,025
C2X	5	8	Polished Ebony w/Chrome Accents	47,999	43,482
C2X	5	8	Satin American Walnut	55,999	50,272
C2X	5	8	Polished Mahogany/White	55,999	50,272
C3X	6	1	Satin and Polished Ebony	60,899	54,913
C3X	6	1	Satin American Walnut	73,399	65,848
C3X	6	1	Polished Mahogany/White	73,399	65,848
S3X	6	1	Polished Ebony	81,899	78,748
CF4	6	3	Polished Ebony	114,299	114,299
C5X	6	7	Satin and Polished Ebony	66,999	60,917
C5X	6	7	Satin American Walnut	81,699	73,047
C5X	6	7	Polished Mahogany/White	81,699	73,047
S5X	6	7	Polished Ebony	88,999	84,810
C6X	7		Satin and Polished Ebony	74,799	67,969
C6X	7		Satin American Walnut	90,199	81,514
C6X	7		Polished Mahogany/White	90,199	81,514
S6X	7		Polished Ebony	99,999	97,278
CF6	7		Polished Ebony	129,799	129,274
C7X	7	6	Satin and Polished Ebony	86,899	78,208
C7X	7	6	Satin American Walnut	104,699	93,684
C7X	7	6	Polished Mahogany/White	104,699	93,684
S7X	7	6	Polished Ebony	109,899	105,711
CFX	9		Polished Ebony	194,299	194,299

Disklavier Grands

Model	Feet	Inches	Description	MSRP	SMP
DGB1KENCL	5		Classic Polished Ebony (playback only)	24,299	23,398
DGB1KENST	5		Polished Ebony	28,899	26,998
DGB1KENST	5		Polished Mahogany/American Walnut/White	31,299	29,098
DGC1ENST	5	3	Satin and Polished Ebony	42,299	40,098
DGC1ENST	5	3	Satin American Walnut	48,999	44,498
DGC1ENST	5	3	Polished Mahogany/White	48,999	44,498
DC1XENST	5	3	Satin and Polished Ebony	55,699	49,798
DC1XENST	5	3	Satin American Walnut	64,069	56,818

Acoustic Piano Model & Pricing Guide

Model	Feet	Inches	Description	MSRP	SMP
YAMAHA *(continued)*					
DC1XENST	5	3	Polished Mahogany/White	64,069	56,818
DGC2ENST	5	8	Satin and Polished Ebony	47,399	43,298
DGC2ENST	5	8	Satin American Walnut	52,499	47,698
DGC2ENST	5	8	Polished Mahogany/White	52,499	47,698
DC2XENST	5	8	Satin and Polished Ebony	61,699	55,898
DC2XENST	5	8	Polished Ebony w/Chrome Accents	63,399	57,098
DC2XENST	5	8	Satin American Walnut	71,099	63,638
DC2XENST	5	8	Polished Mahogany/White	71,099	63,638
DC3XENPRO	6	1	Satin and Polished Ebony	80,899	71,098
DC3XENPRO	6	1	Satin American Walnut	92,899	81,598
DC3XENPRO	6	1	Polished Mahogany/White	92,899	81,598
DS3XENPRO	6	1	Polished Ebony	117,999	112,998
DCF4ENPRO	6	3	Polished Ebony	149,099	147,598
DC5XENPRO	6	7	Satin and Polished Ebony	86,799	76,898
DC5XENPRO	6	7	Satin American Walnut	100,699	88,360
DC5XENPRO	6	7	Polished Mahogany/White	100,699	88,360
DS5XENPRO	6	7	Polished Ebony	124,999	118,998
DC6XENPRO	7		Satin and Polished Ebony	94,099	83,498
DC6XENPRO	7		Satin American Walnut	108,899	96,518
DC6XENPRO	7		Polished Mahogany/White	108,899	96,518
DS6XENPRO	7		Polished Ebony	135,599	130,998
DCF6ENPRO	7		Polished Ebony	163,899	161,398
DC7XENPRO	7	6	Satin and Polished Ebony	105,899	93,498
DC7XENPRO	7	6	Satin American Walnut	122,899	108,278
DC7XENPRO	7	6	Polished Mahogany/White	122,899	108,278
DS7XENPRO	7	6	Polished Ebony	144,999	138,998
DCFXENPRO	9		Polished Ebony	225,799	224,798
Silent and TransAcoustic Grands					
GB1KSC2	5		Polished Ebony	19,799	18,098
GB1KSC2	5		Polished Mahogany/Walnut/White	22,199	20,198
GC1SH2	5	3	Satin and Polished Ebony	29,099	28,098
GC1SH2	5	3	Satin American Walnut	35,799	32,498
GC1SH2	5	3	Polished Mahogany/White	35,799	32,498
GC1TA2	5	3	Polished Ebony	33,099	32,098
C1XSH2	5	3	Satin and Polished Ebony	42,499	37,798
C1XSH2	5	3	Satin American Walnut	50,869	44,818
C1XSH2	5	3	Polished Mahogany/White	50,869	44,818
C1XTA2	5	3	Polished Ebony	46,499	41,798
GC2SH2	5	8	Satin and Polished Ebony	34,199	31,298
GC2SH2	5	8	Satin American Walnut	39,299	35,698
GC2SH2	5	8	Polished Mahogany/White	39,299	35,698
C2XSH2	5	8	Satin and Polished Ebony	48,499	43,898
C2XSH2	5	8	Polished Ebony w/Chrome Accents	50,199	45,098
C2XSH2	5	8	Satin American Walnut	57,899	51,638
C2XSH2	5	8	Polished Mahogany/White	57,899	51,638

Model	Feet	Inches	Description	MSRP	SMP
YAMAHA *(continued)*					
C2XSH2	5	8	Polished Mahogany/White	57,899	51,638
C3XSH2	6	1	Satin and Polished Ebony	62,499	55,998
C3XSH2	6	1	Satin American Walnut	74,499	66,498
C3XSH2	6	1	Polished Mahogany/White	74,499	66,498
C3XTA2	6	1	Polished Ebony	66,499	59,998
C5XSH2	6	7	Satin and Polished Ebony	68,399	61,798
C5XSH2	6	7	Satin American Walnut	82,299	73,260
C5XSH2	6	7	Polished Mahogany/White	82,299	73,260
C6XSH2	7		Satin and Polished Ebony	75,699	68,398
C6XSH2	7		Satin American Walnut	90,499	81,418
C6XSH2	7		Polished Mahogany/White	90,499	81,418
C7XSH2	7	6	Satin and Polished Ebony	87,499	78,398
C7XSH2	7	6	Satin American Walnut	104,499	93,178
C7XSH2	7	6	Polished Mahogany/White	104,499	93,178

YOUNG CHANG
Verticals

Model		Inches	Description	MSRP	SMP
Y114		45	Polished Ebony	5,990	5,900
Y114		45	Polished Mahogany	6,450	6,100
Y116		46	Polished Ebony	7,490	6,900
Y116		46	Satin Ebony/Walnut	7,590	7,000
Y121		48	Polished Ebony	7,090	6,500
Y121		48	Polished Mahogany/White	7,090	6,700
Y131		52	Polished Ebony	7,590	6,900
Y131		52	Polished Mahogany	7,790	7,100

Grands

Model	Feet	Inches	Description	MSRP	SMP
Y150	4	11	Polished Ebony	13,290	11,580
Y150	4	11	Polished Mahogany/Walnut/White	13,790	11,980
Y150SP	4	11	Polished White w/Chrome	14,090	12,780
Y157	5	2	Polished Ebony	14,390	12,780
Y157	5	2	Polished Mahogany	14,990	13,380
Y175	5	9	Polished Ebony	16,390	14,180
Y185	6	1	Polished Ebony	20,390	17,180

ZIMMERMANN
Verticals

Model		Inches	Description	MSRP	SMP
S 2		47.6	Polished Ebony	8,590	8,440
S 6		49.6	Polished Ebony	9,590	9,166

Grands

Model	Feet	Inches	Description	MSRP	SMP
Z 160	5	3	Polished Ebony	20,900	20,397
Z 175	5	9	Polished Ebony	22,900	22,848
Z 185	6	1	Polished Ebony	24,900	24,299

Acoustic Piano Model & Pricing Guide

Digital Piano
Specifications & Prices

In the specification chart for each brand of digital piano, we have included those features and specifications about which buyers, in our experience, are most likely to be curious. However, many models have more features than are shown. See the various articles on digital pianos on our website for more information about each of the terms defined below, shown in the order in which they appear in the charts.

Form The physical form of the model: G=Grand, V= Vertical (Console), S=Slab.

Ensemble A digital piano with easy-play and auto-accompaniments (not just rhythms).

Finish The wood finishes or colors available for a particular model (not always specified for slab models). Multiple finish options are separated by a slash (/). A manufacturer's own color term is used where a generic term could not be determined. See the box below for finish codes.

FINISH CODES

A	Ash	O	Oak
AG	Amber Glow	Or	Orange
Al	Alder	P	Polished (used with a wood or color designation)
Bl	Blue		
Bk	Black	Pk	Pink
C	Cherry	R	Rosewood
DB	Deep Brunette	Rd	Red
E	Ebony	S	Satin (used with a wood or color designation)
G	Gold		
Iv	Ivory	Sr	Silver
L	Lacquer (used with a wood or color designation)	VR	Velvette Rouge
		W	Walnut
M	Mahogany	WG	Wood Grain (wood type not specified)
MD	Mahogany Decor	Wt	White

Estimated Price This is our estimate of the price you will pay for the instrument. For digitals sold online or through chain and warehouse outlets, this price is the Minimum Advertised Price (MAP) and is shown in italics. For digitals sold only through bricks-and-mortar piano dealers, the price shown is based on a profit margin that piano dealers typically aspire to when selling digitals, including an allowance for incoming freight and setup. Discounts from this price, if any, typically are small. For more information on MAP and other pricing issues, please read "Buying a Digital Piano," on *www.pianobuyer.com*.

MSRP Manufacturer's Suggested Retail Price, also known as "list" or "sticker" price. Not all manufacturers use them.

Sound Source Indicates whether the sound source is Sampling (S) or Physical Modeling (M).

Voices The number of different musical voices the user can select from the instrument panel, plus (if applicable) the number of General MIDI (GM) or XG voices that are not user-selectable but are available for playback of MIDI files.

Key Release Indicates the presence of samples or simulation of Key Off sounds—acoustic piano keys and dampers returning to rest position and cutting off the sounds of vibrating strings.

Sustain Resonance Indicates the presence of samples or simulation of the sound with the sustain pedal depressed (allowing the strings to vibrate sympathetically).

String Resonance Indicates the presence of samples or simulation of String Resonance—the resonance sound of the strings of non-played notes.

Rhythms/Styles The number of rhythms in a standard digital, or the number of auto-accompaniment styles available in an ensemble digital.

Polyphony The maximum number of sounds the instrument can produce simultaneously. UL=Unlimited

Total Watts Total combined amplifier power.

Speakers The number of individual speakers.

Piano Pedals The number of piano pedals supplied with the model. A number in parentheses indicates the availability of an optional pedal unit with additional pedals.

Half Pedal Indicates that the model supports half-pedaling.

Action Indicates the type of action used, if specified.

Triple-Sensor Keys Indicates the presence of three key sensors, instead of the usual two, for greater touch realism.

Escapement Indicates the presence of an acoustic piano action's escapement feel.

Wood Keys Indicates actions with wooden keys.

Ivory Texture Indicates actions with ivory-textured keytops.

Bluetooth Indicates that the instrument is equipped with Bluetooth for connecting to the Internet.

Vocal Support The model supports some level of vocal performance. This support can vary from the piano simply having a microphone input, to its having the ability to produce the vocalist's voice in multi-part harmony, to pitch-correct the notes sung by the vocalist, or to alter the original voice.

Educational Features The model includes features that specifically support the learning experience. Note that while the ability to record and play back is an important learning tool, it is present on almost all models and so is not included in this definition.

External Storage Indicates the type of external memory storage accessible, such as USB or SanDisk.

USB to Computer Indicates the model's ability to interface with a Mac or PC via USB cable.

USB Digital Audio Indicates the ability to record and play back digital audio via a USB flash drive.

Recording Tracks The number of internal recordable tracks for recording of MIDI files.

Warranty (Parts/Labor) Indicates the manufacturer's warranty coverage period: the first number is the length of the parts coverage; the second number is the length of the labor coverage.

Dimensions Width, Depth, and Height are rounded to the nearest inch.

Weight Weight of the model rounded to the nearest pound.

Brand & Model	Form	Ensemble	Finish	Estimated Price	MSRP	Sound Source	Voices	Key Release	Sustain Resonance	String Resonance	Rhythms/Styles	Polyphony	Total Watts	Speakers	Piano Pedals	Half Pedal

Artesia

Brand & Model	Form	Ensemble	Finish	Estimated Price	MSRP	Sound Source	Voices	Key Release	Sustain Resonance	String Resonance	Rhythms/Styles	Polyphony	Total Watts	Speakers	Piano Pedals	Half Pedal
Performer	S		Bk	189		S	12		Y	Y		32	15	4	1	Y
PA-88H+	S		Bk/Wt	379		S	16		Y	Y		64	20	2	1	Y
PA-88W	S		Bk			S	12		Y	Y		32	40	4	1	Y
PE-88	S		Bk	295		S	137		Y	Y	100	64	15	4	1 (2)	Y
A-10	V		Bk			S	14		Y	Y		64	30	4	1	
A-20	V		Bk			S	128		Y	Y		64	35	4	3	Y
Harmony	V		Bk	495		S	16		Y	Y		64	20	2	3	Y
DP-2	V		R	599		S	8		Y	Y		64	25	4	2	Y
DP-3	V		R	699		S	8		Y	Y		64	25	2	3	Y
DP-150e	V	E	EP/R	850		S	137		Y	Y	100	64	40	4	3	Y
AG-30	G	E	EP	1,499		S	137		Y	Y	100	128	60	6	3	Y
AG-50	G	E	EP	2,399		S	137		Y	Y	100	128	75	6	3	Y

Blüthner e-Klavier

Brand & Model	Form	Ensemble	Finish	Estimated Price	MSRP	Sound Source	Voices	Key Release	Sustain Resonance	String Resonance	Rhythms/Styles	Polyphony	Total Watts	Speakers	Piano Pedals	Half Pedal
PRO-88 EX	S		ES	3,087	3,396	S	35+ 256GM	Y	Y	Y		256	60	2	1 (3)	Y
Pianette	V		EP	19,651	21,117	S	35+ 256GM	Y	Y	Y		256	150	4	3	Y
e1 Art Style	V		E&MS/ E&BeechS	5,180	5,198	S	35+ 256GM	Y	Y	Y		256	60	4	3	Y
e2 Sonus	V		Bk/Wt	6,542	6,696	S	40+ 256GM	Y	Y	Y		256	100	4	3	Y
e2 Sonus	V		Bk & EP front	7,124	7,336	S	40+ 256GM	Y	Y	Y		256	100	4	3	Y

Casio

Brand & Model	Form	Ensemble	Finish	Estimated Price	MSRP	Sound Source	Voices	Key Release	Sustain Resonance	String Resonance	Rhythms/Styles	Polyphony	Total Watts	Speakers	Piano Pedals	Half Pedal
PX-5S+ A25:AL32	S		Wt	1,099	1,699	S	242+ 128GM	Y	Y	Y		256	0	0	1 (2)	
PX-360	S	E	Bk	999	1,599	S	422+ 128GM	Y	Y	Y	200	128	16	4	1 (3)	Y
PX-560	S	E	Bl	1,299	1,799	S	522+ 128GM	Y	Y	Y	230	256	16	4	1 (3)	Y
PX-770	V		Bk/W/Wt	899	1,349	S	19		Y			128	16	2	3	Y
PX-870	V		Bk/W/Wt	1,199	1,699	S	19	Y	Y	Y		256	40	4	3	Y
PX-S1100	S		Bk/Wt/Rd	699	999	S	18	Y	Y	Y		192	16	2	1 (3)	Y
PX-S3000	S	E	Bk	879	1,179	S	572+ 128GM	Y	Y	Y	200	192	16	2	1 (3)	Y
PX-S5000	S		Bk	1,199	1,799	S	23	Y	Y	Y		192	16	2	1 (3)	Y

Brand & Model	Action	Triple-Sensor Keys	Escapement	Wood Keys	Ivory Texture	Bluetooth	Vocal Support	Educational Features	External Storage	USB to Computer	USB Digital Audio	Recording Tracks	Warranty (Parts/Labor)	Dimensions WxDxH (Inches)	Weight (Pounds)

Artesia

Performer	Soft Touch Spring Tension	Y		Y					USB	Y	Y	0	1/3	50x11x3	22
PA-88H+	Weighted Hammer Action	Y		Y					USB	Y	Y	0	1/3	52x14x5	29
PA-88W	Semi-Weighted Spring Action	Y		Y					USB	Y	Y	0	1/3	50x11x3	20
PE-88	Semi-Weighted Spring Action	Y		Y			Y		USB	Y	Y	2	1/3	55x13x7	27
A-10	Graded Hammer Action									Y		2	1/1	55x13x39	71
A-20	Graded Hammer Action				Y		Y		USB	Y		2	1/1	54x15x31	93
Harmony	Weighted Hammer Action	Y		Y					USB	Y	Y	0	1/3	58x20x9	48
DP-2	Graded Hammer Action	Y		Y			Y		USB	Y	Y	2	3/3	54x40x17	132
DP-3	Graded Hammer Action	Y		Y			Y		USB	Y	Y	2	3/3	59x22x14	132
DP-150e	Graded Hammer Action	Y			Y	Y	Y		USB	Y	Y	2	3/3	59x25x15	154
AG-30	Graded Hammer Action	Y			Y	Y	Y		USB	Y	Y	2	3/3	56x33x36	170
AG-50	Graded Hammer Action	Y			Y	Y	Y		USB	Y	Y	2	3/3	56x48x36	240

Blüthner e-Klavier

PRO-88 EX	4-zone graded				Y	Y			USB	Y	Y	1	2	55x17x5	30
Pianette	4-zone graded		Y	Y	Y				USB	Y	Y	1	2	55x25x42	220
e1 Art Style	4-zone graded	Y			Y				USB	Y	Y	1	2	55x17x42	77
e2 Sonus	4-zone graded	Y	Y		Y				USB	Y	Y	1	2	56x16x41	220
e2 Sonus	4-zone graded	Y	Y		Y				USB	Y	Y	1	2	56x16x41	220

Casio

PX-5S	Weighted, Scaled, Hammer Action	Y			Y				USB	Y	Y	8	3/3	52x11x5	24
PX-360	Weighted, Scaled, Hammer Action	Y			Y			Y	USB	Y	Y	17	3/3	52x12x6	26
PX-560	Weighted, Scaled, Hammer Action	Y			Y			Y	USB	Y	Y	17	3/3	52x12x6	27
PX-770	Weighted, Scaled, Hammer Action	Y			Y			Y		Y		12	3/3	55x12x31	69
PX-870	Weighted, Scaled, Hammer Action	Y			Y			Y	USB	Y	Y	2	3/3	55x12x30	76
PX-S1100	Weighted, Scaled, Hammer Action				Y	Y		Y	USB	Y	Y	2	3/3	52x9x4	25
PX-S3000	Weighted, Scaled, Hammer Action				Y			Y	USB	Y	Y	3	3/3	52x9x4	25
PX-S5000	Weighted, Scaled, Hammer Action			Y	Y	Y		Y	USB	Y		2	3/3	52x9x4	25

Digital Piano Specifications & Prices

Brand & Model	Form	Ensemble	Finish	Estimated Price	MSRP	Sound Source	Voices	Key Release	Sustain Resonance	String Resonance	Rhythms/Styles	Polyphony	Total Watts	Speakers	Piano Pedals	Half Pedal

Casio *(continued)*

Brand & Model	Form	Ensemble	Finish	Estimated Price	MSRP	Sound Source	Voices	Key Release	Sustain Resonance	String Resonance	Rhythms/Styles	Polyphony	Total Watts	Speakers	Piano Pedals	Half Pedal
PX-S6000	S		Bk	1,799	2,399	S	350	Y	Y	Y		256	32	4	1 (3)	Y
PX-S7000	S		Bk/Wt	2,499	3,199	S	400	Y	Y	Y		256	32	4	3	Y
PX-S7000HM	S		HM	2,699	3,399	S	400	Y	Y	Y		256	32	4	3	Y
CDP-S150	S		Bk	379		S	10	Y				64	16	2	1	Y
CDP-S160	S	E	Bk/Rd	499	799	S	10	Y				64	16	2	1 (3)	Y
CDP-S350	S	E	Bk	449		S	700	Y			200	64	16	2	1 (3)	Y
CDP-S360	S	E	Bk	569	879	S	572+128GM	Y			200	128	16	2	1 (3)	Y
AP-270	V		Bk/W/Wt	1,199	1,799	S	22	Y				192	16	2	3	Y
AP-470	V		Bk/W/Wt	1,699	2,299	S	22	Y	Y	Y		256	40	4	3	Y
AP-710	V		Bk	2,699	3,399	S	26	Y	Y	Y		256	60	6	3	Y
GP-310	V		Bk/Wt	3,836	4,199	S	26	Y	Y	Y		256	100	6	3	Y
GP-510	V		BkP	5,109	6,199	S	35	Y	Y	Y		256	100	6	3	Y

Dexibell

Brand & Model	Form	Ensemble	Finish	Estimated Price	MSRP	Sound Source	Voices	Key Release	Sustain Resonance	String Resonance	Rhythms/Styles	Polyphony	Total Watts	Speakers	Piano Pedals	Half Pedal
VIVO S7 PRO	S	E	Wt	2,499	2,799	M/S	113	Y	Y	Y	App	UL		0	1 (3)	Y
VIVO S7 PRO M	S	E	Wt	2,999	3,399	M/S	113	Y	Y	Y	App	UL	70	2	1 (3)	Y
VIVO S9	S	E	Wt	3,999	4,499	M/S	185	Y	Y	Y	App	UL		0	1 (3)	Y
VIVO H1	S	E	Bk	2,544	2,799	M/S	79	Y	Y	Y	App	UL	70	2	3	Y
VIVO H5	V	E	Bk/Wt	3,899	3,899	M/S	125	Y	Y	Y	App	UL	112	5	3	Y
VIVO H10	V	E	Bk	5,362	5,499	M/S	125	Y	Y	Y	App	UL	112	5	3	Y
VIVO H10	V	E	EP/RdP	5,907	6,599	M/S	125	Y	Y	Y	App	UL	112	5	3	Y
VIVO H10MG	G	E	EP/WtP/RdP	9,725	9,999	M/S	125	Y	Y	Y	App	UL	112	15	3	Y

Dynatone

Brand & Model	Form	Ensemble	Finish	Estimated Price	MSRP	Sound Source	Voices	Key Release	Sustain Resonance	String Resonance	Rhythms/Styles	Polyphony	Total Watts	Speakers	Piano Pedals	Half Pedal
SDP-600	V		EP	3,809	5,795	S	33+128GM		Y	Y		256	100	4	3	Y
SDP-600	V		WtP	3,991	6,095	S	33+128GM		Y	Y		256	100	4	3	Y
SLP-210	V		R	1,627	2,195	S	18+128GM					81	24	2	3	
SLP-250H	V		Bk	2,173	3,095	S	33+128GM		Y	Y		256	30	4	3	Y
DPR-3200H	V	E	Bk	2,900	4,195	S	138	Y	Y	Y	80	256	100	4	3	Y

Brand & Model	Action	Triple-Sensor Keys	Escapement	Wood Keys	Ivory Texture	Bluetooth	Vocal Support	Educational Features	External Storage	USB to Computer	USB Digital Audio	Recording Tracks	Warranty (Parts/Labor)	Dimensions WxDxH (Inches)	Weight (Pounds)
Casio *(continued)*															
PX-S6000	Weighted, Scaled, Hammer Action		Y	Y	Y	Y		Y		USB	Y	Y	2	3/3	52x9x4	32
PX-S7000	Weighted, Scaled, Hammer Action		Y	Y	Y	Y		Y		USB	Y	Y	2	3/3	52x9x4	61
PX-S7000HM	Weighted, Scaled, Hammer Action		Y	Y	Y	Y		Y		USB	Y	Y	2	3/3	52x9x4	61
CDP-S150	Weighted, Scaled, Hammer Action				Y						Y		1	1/1	52x9x4	23
CDP-S160	Weighted, Scaled, Hammer Action				Y		Y				Y	Y	1	1/1	52x9x4	23
CDP-S350	Weighted, Scaled, Hammer Action				Y					USB	Y		6	1/1	52x9x4	31
CDP-S360	Weighted, Scaled, Hammer Action				Y	Y		Y		USB	Y		6	3/3	52x9x4	24
AP-270	Weighted, Scaled, Hammer Action	Y		Y			Y				Y		2	5/5	56x17x32	81
AP-470	Weighted, Scaled, Hammer Action	Y		Y			Y			USB	Y	Y	2	5/5	54x17x33	96
AP-710	Weighted, Scaled, Hammer Action	Y		Y			Y			USB	Y	Y	2	5/5	54x17x36	106
GP-310	Weighted, Scaled, Hammer Action	Y	Y	Y			Y			USB	Y	Y	2	5/5	57x19x38	171
GP-510	Weighted, Scaled, Hammer Action	Y	Y	Y			Y			USB	Y	Y	2	5/5	57x19x38	171
Dexibell															
VIVO S7 PRO	Progressive Hammer	Y		Y	Y			Y		USB	Y	Y	0	3	50x14x5	39
VIVO S7 PRO M	Progressive Hammer	Y			Y			Y		USB	Y	Y	0	3	50x15x5	34
VIVO S9	Progressive Hammer	Y		Y	Y	Y		Y		USB	Y	Y	0	3	59x21x9	49
VIVO H1	Weighted	Y						Y		USB	Y	Y	0	5	56x14x31	99
VIVO H5	Weighted, graded	Y	Y	Y	Y	Y		Y		USB	Y	Y	0	5	56x15x31	121
VIVO H10	Weighted, graded	Y	Y		Y	Y	Y	Y		USB	Y	Y	0	5	56x15x31	121
VIVO H10	Weighted, graded	Y	Y		Y	Y	Y	Y		USB	Y	Y	0	5	56x15x31	121
VIVO H10MG	Weighted, graded	Y	Y	Y	Y	Y	Y	Y		USB	Y	Y	0	5	56x36x31	194
Dynatone															
SDP-600	New RHA-3W	Y		Y							Y	Y	1	3/3	55x16x39	218
SDP-600	New RHA-3W	Y		Y							Y	Y	1	3/3	55x16x39	218
SLP-210	New RHA						Y				Y	Y	2	3/3	54x16x33	75
SLP-250H	ARHA-I				Y		Y				Y	Y	1	3/3	54x16x33	95
DPR-3200H	ARHA-3I	Y		Y			Y			USB	Y	Y	2	3/3	55x19x35	127

Digital Piano Specifications & Prices

Brand & Model	Form	Ensemble	Finish	Estimated Price	MSRP	Sound Source	Voices	Key Release	Sustain Resonance	String Resonance	Rhythms/Styles	Polyphony	Total Watts	Speakers	Piano Pedals	Half Pedal
Dynatone *(continued)*																
DPR-3500	V	E	Bk	3,445	5,095	S	138	Y	Y	Y	80	256	100	4	3	Y
SGP-600	G		EP	5,173	7,695	S	33+ 128GM		Y	Y		256	100	4	3	Y
SGP-600	G		WtP	5,355	7,995	S	33+ 128GM		Y	Y		256	100	4	3	Y
GPR-3500	G	E	EP	5,900	8,895	S	138	Y	Y	Y	80	256	100	6	3	Y
GPR-3500	G	E	WtP	6,082	9,195	S	138	Y	Y	Y	80	256	100	6	3	Y
VGP-4000Q	G	E	EP	9,173	14,495	S	138	Y	Y	Y	80	256	100	6	3	Y
VGP-4000Q	G	E	WtP	9,355	14,795	S	138	Y	Y	Y	80	256	100	6	3	Y
Kawai																
ES110	S		Bk/Wt	899	1,099	S	19	Y	Y	Y	100	192	14	2	1 (3)	Y
ES520	S		Bk/Wt	1,299	1,999	S	34	Y	Y	Y	100	192	40	2	1 (3)	Y
ES920	S		Bk/Wt	1,799	2,699	S	38	Y	Y	Y	100	256	40	2	1 (3)	Y
MP7SE	S		Bk	2,199	2,699	S	256	Y	Y	Y	100	256	0	0	1 (3)	Y
MP11SE	S		Bk	3,499	4,199	S	40	Y	Y	Y	100	256	0	0	3	Y
VPC1	S		Bk	2,399	2,899		0						0	0	3	Y
KDP75	V		Bk/Wt	999	1,199	S	15	Y		Y		192	16	2	3	Y
KDP120	V		R/WtS/ES	1,499	1,799	S	15	Y		Y		192	40	2	3	Y
CN29	V		R/WtS/ES	2,199	2,699	S	19	Y	Y	Y	100	192	40	2	3	Y
CN39	V		R/WtS/ES	3,099	3,899	S	355	Y	Y	Y	100	256	40	4	3	Y
CA49	V		R/WtS/ES	2,899	3,599	S	19	Y	Y	Y	100	192	40	4	3	Y
CA59	V		R/WtS/ES	3,799	4,699	S	44	Y	Y	Y	100	256	100	4	3	Y
CA79	V		R/WtS/ES	4,699	5,899	M/S	66	Y	Y	Y	100	256	100	6	3	Y
CA79	V		EP	5,399	6,699	M/S	66	Y	Y	Y	100	256	100	6	3	Y
CA99	V		R/WtS/ES	6,299	7,899	M/S	90	Y	Y	Y	100	256	135	6	3	Y
CA99	V		EP	7,199	8,999	M/S	90	Y	Y	Y	100	256	135	6	3	Y
NV5s	V		EP	9,599	11,999	M/S	90	Y	Y	Y	100	256	135	6	3	Y
NV10s	G		EP	14,499	18,099	M/S	90	Y	Y	Y	100	256	135	7	3	Y
DG30	G		EP	6,099	8,399	S	355	Y	Y	Y	100	256	40	4	3	Y

Brand & Model	Action	Triple-Sensor Keys	Escapement	Wood Keys	Ivory Texture	Bluetooth	Vocal Support	Educational Features	External Storage	USB to Computer	USB Digital Audio	Recording Tracks	Warranty (Parts/Labor)	Dimensions WxDxH (inches)	Weight (Pounds)
Dynatone *(continued)*															
DPR-3500	New RHA-3W	Y		Y			Y	Y	USB	Y	Y	2	3/3	55x19x35	119
SGP-600	New RHA-3W	Y		Y						Y	Y	1	3/3	55x36x31	176
SGP-600	New RHA-3W	Y		Y						Y	Y	1	3/3	55x36x31	176
GPR-3500	New RHA-3W	Y		Y			Y	Y	USB	Y	Y	2	3/3	56x46x36	209
GPR-3500	New RHA-3W	Y		Y			Y	Y	USB	Y	Y	2	3/3	56x46x36	209
VGP-4000Q	New RHA-3W	Y		Y			Y	Y	USB	Y	Y	2	3/3	60x56x40	440
VGP-4000Q	New RHA-3W	Y		Y			Y	Y	USB	Y	Y	2	3/3	60x56x40	440
Kawai															
ES110	RHC					Y		Y				1	3/3	52x11x6	26
ES520	RHCII	Y			Y				USB	Y	Y	2	3/3	53x15x6	32
ES920	RHIII	Y	Y		Y	Y			USB	Y	Y	2	3/3	53x15x6	37
MP7SE	RHIII	Y	Y		Y				USB	Y	Y	1	3/1	53x13x7	45
MP11SE	GF	Y	Y	Y	Y				USB	Y	Y	1	3/1	58x18x8	72
VPC1	RM3II	Y	Y	Y	Y					Y		0	3/1	54x18x8	65
KDP75	RHC						Y			Y		1	3/3	54x16x34	77
KDP120	RHCII	Y			Y		Y			Y		1	3/3	54x16x34	86
CN29	RHIII	Y	Y		Y	Y	Y			Y		1	5/5	54x16x34	95
CN39	RHIII	Y	Y		Y	Y			USB	Y	Y	2	5/5	57x18x34	119
CA49	GFC	Y	Y	Y	Y	Y	Y			Y		1	5/5	53x18x36	128
CA59	GFC	Y	Y	Y	Y	Y	Y		USB	Y	Y	2	5/5	57x18x36	145
CA79	GFIII	Y	Y	Y	Y	Y	Y		USB	Y	Y	2	5/5	57x18x37	167
CA79	GFIII	Y	Y	Y	Y	Y	Y		USB	Y	Y	2	5/5	57x18x37	174
CA99	GFIII	Y	Y	Y	Y	Y	Y		USB	Y	Y	2	5/5	57x18x39	183
CA99	GFIII	Y	Y	Y	Y	Y	Y		USB	Y	Y	2	5/5	57x18x39	196
NV5	Millennium III UP	Y	Y	Y	Y	Y	Y		USB	Y	Y	2	5/5	59x18x43	249
NV10	Millennium III GP	Y	Y	Y	Y	Y	Y		USB	Y	Y	2	5/5	58x25x36	291
DG30	RHIII	Y	Y		Y	Y	Y		USB	Y	Y	2	5/5	58x34x35	176

Brand & Model	Form	Ensemble	Finish	Estimated Price	MSRP	Sound Source	Voices	Key Release	Sustain Resonance	String Resonance	Rhythms/Styles	Polyphony	Total Watts	Speakers	Piano Pedals	Half Pedal
Korg																
B2	S		Bk/Wt	550	800	S	12		Y	Y		120	30	2	1 (3)	Y
B2N	S		Bk	520	800	S	12		Y	Y		120	30	2	1 (3)	Y
SP280	S		Bk	900	1,400	S	30					120	44	2	1	Y
SV-2-88	S		Bk	2,200	3,400	S	72		Y	Y		128	0	0	1	Y
SV-2-88SP	S		Wt	2,400	3,700	S	72		Y	Y		128	30	2	1	Y
D1	S		Bk	700	1,200	S	30	Y	Y	Y		120	0	0	1	Y
XE20	V	E	Bk	850	1,300	S	705		Y		280	184	36	2	1 (3)	Y
XE20SP	V	E	Bk	950	1,500	S	705		Y		280	184	36	2	3	Y
B2SP	V		Bk/Wt	650	1,000	S	12		Y	Y		120	30	2	3	Y
LP180	V		Bk/Wt	700	1,100	S	10					120	22	2	3	Y
LP380U	V		Bk/Wt/R	1,250	1,500	S	30					120	44	2	3	Y
GB1 Air	V		Bk/Wt/R	2,000	2,200	S	32	Y	Y	Y		120	80	4	3	Y
C1 Air	V		Bk/Wt/R	1,600	1,800	S	30	Y	Y	Y		120	50	2	3	Y
Kurzweil																
MPS-110	S		Bk	1,070	1,399	S	152		Y		10	256	24	4	2	Y
MPS-120	S		Bk	1,290	1,799	S	152		Y		10	256	24	4	2	Y
KA-90	S	E	Bk	700	859	S	20		Y		50	128	60	4	1	
CUP-1	V		EP	3,200	4,399	S	1	Y	Y	Y		256	100	4	3	Y
CUP-410	V		R/Wt	2,000	2,799	S	50	Y	Y	Y		256	70	4	3	Y
KAG-100	G	E	EP	2,700	4,399	S	200		Y		100	64	35	4	3	
MPG-100	G	E	EP	4,300	6,499	S	500		Y		200	128	60	4	3	Y
Nord																
Nord Grand	S		Rd/Bk	3,699	4,499	S	400		Y	Y		120	0	0	3	Y
Nord Piano 5 88	S		Rd	3,499	3,999	S	400		Y	Y		120	0	0	3	Y
Physis																
H1	S		Alu	2,995	4,995	M	192	Y	Y	Y		UL	0	0	3	Y
H2	S		Alu	2,295	4,295	M	192	Y	Y	Y		UL	0	0	3	Y
K4EX	S		Bl	2,640	3,795	M	192	Y	Y	Y		UL	0	0	3	Y

Brand & Model	Action	Triple-Sensor Keys	Escapement	Wood Keys	Ivory Texture	Bluetooth	Vocal Support	Educational Features	External Storage	USB to Computer	USB Digital Audio	Recording Tracks	Warranty (Parts/Labor)	Dimensions WxDxH (Inches)	Weight (Pounds)

Korg

B2	NH						Y			Y		0	1/1	52x14x5	26
B2N	NH							Y		Y		0	1/1	52x14x5	21
SP280	NH											0	1/1	54x16x31	42
SV-2-88	RH3									Y		0	1/1	53x14x6	45
SV-2-88SP	RH3									Y		0	1/1	53x14x6	48
D1	RH3											0	1/1	53x11x5	36
XE20	NH									Y		12	1/1	52x14x30	26
XE20SP	NH									Y		12	1/1	52x14x30	47
B2SP	NH						Y			Y		0	1/1	52x14x30	47
LP180	NH											0	1/1	54x11x31	51
LP380U	RH3						Y			Y	Y	0	5/5	53x14x30	82
GB1 Air	RH3				Y	Y	Y			Y		2	5/5	53x15x33	91
C1 Air	RH3					Y	Y			Y		2	5/5	53x14x31	78

Kurzweil

MPS-110	Weighted, graded	Y			Y					Y	Y	0	3/2	52x15x5	36
MPS-120	Weighted, graded	Y	Y		Y					Y	Y	0	3/2	52x15x5	38
KA-90	Weighted									Y		1	3/2	54x14x5	27
CUP-1	Weighted, graded				Y	Y	Y			Y	Y	0	3/2	56x17x42	221
CUP-410	Weighted, graded	Y			Y	Y	Y			Y	Y	1	3/2	55x18x36	113
KAG-100	Weighted					Y		Y	USB	Y	Y	2	3/2	56x30x35	150
MPG-100	Weighted, graded	Y					Y			Y		6	3/2	56x36x35	212

Nord

Nord Grand	Kawai Weighted	Y		Y						Y		0	1/1	51x15x7	46
Nord Piano 5 88	Fatar Weighted	Y								Y		0	1/1	51x13x5	40

Physis

H1	Tri-sensor, Hybrid	Y	Y	Y	Y				USB	Y	Y	16	3/1	54x13x4	58
H2	Lightweight Hammer, 3 sensors	Y	Y						USB	Y	Y	16	3/1	54x13x4	45
K4EX	Tri-sensor, Hybrid	Y	Y						USB	Y	Y	16	3/1	51x14x5	40

Digital Piano Specifications & Prices

Brand & Model	Form	Ensemble	Finish	Estimated Price	MSRP	Sound Source	Voices	Key Release	Sustain Resonance	String Resonance	Rhythms/Styles	Polyphony	Total Watts	Speakers	Piano Pedals	Half Pedal
Physis *(continued)*																
V100	V		PE/PRd/PWt/SG/PBI	6,899	9,695	M	192	Y	Y	Y		UL	150	6	3	Y
G1000	G		EP			M	192	Y	Y	Y		UL	160	6	3	Y
Roland																
RD-88	S		Bk	1,499		M/S	3000+	Y	Y	Y		128/256	12	2	1 (3)	Y
RD-2000	S		Bk	2,899		M	1100+	Y	Y	Y	200	UL/128	0	0	1 (3)	Y
GO:PIANO88	S		Bk	399		S	4		Y			128	20	2	1	
FP-30X	S	E	Bk/Wt	859		M/S	56	Y	Y	Y	21	256	22	2	1 (3)	Y
FP-60X	S	E	Bk/Wt	1,229		M/S	358	Y	Y	Y	21	256	26	2	1 (3)	Y
FP-90X	S	E	Bk/Wt	2,449		M	362	Y	Y	Y	21	UL/256	60	4	1 (3)	Y
FRP-1	V		Bk	699		M/S	15	Y	Y	Y		96	12	2	1	Y
DP-603	V	E	Bk	2,999		M	319	Y	Y	Y	21	UL/384	24	2	3	Y
DP-603	V	E	EP	3,499		M	319	Y	Y	Y	21	UL/384	24	2	3	Y
DP-603	V	E	WtP	3,599		M	319	Y	Y	Y	21	UL/384	24	2	3	Y
HP-702	V	E	O/R/ES/Wt	2,599	2,599	M	324	Y	Y	Y	21	UL/384	28	2	3	Y
HP-704	V	E	O/R/ES/Wt	3,459	3,459	M	324	Y	Y	Y	21	UL/384	60	4	3	Y
HP-704	V	E	EP	4,099	4,099	M	324	Y	Y	Y	21	UL/384	60	4	3	Y
LX-705	V	E	O/R/ES	4,099	4,099	M	324	Y	Y	Y	21	UL/256	60	4	3	Y
LX-705	V	E	EP	4,799	4,799	M	324	Y	Y	Y	21	UL/256	60	4	3	Y
LX-706	V	E	R/ES	4,999	4,999	M	324	Y	Y	Y	21	UL/256	74	6	3	Y
LX-706	V	E	EP	5,499	5,499	M	324	Y	Y	Y	21	UL/256	74	6	3	Y
LX-708	V	E	ES	6,899	6,899	M	324	Y	Y	Y	21	UL/256	74	8	3	Y
LX-708	V	E	EP	7,699	7,699	M	324	Y	Y	Y	21	UL/256	74	8	3	Y
LX-708	V	E	WtP	7,899	7,899	M	324	Y	Y	Y	21	UL/256	74	8	3	Y
F-140R	V	E	Bk/Wt	1,399		M/S	316	Y	Y	Y	72	128	24	2	3	Y
F-701	V	E	Bk/Wt/O	1,549		M/S	324	Y	Y	Y	21	256	24	2	3	Y
RP-102	V	E	Bk	1,099		M/S	318	Y	Y	Y	21	128	12	2	3	Y
RP-501R	V	E	Bk/Wt/R	1,629		M/S	316	Y	Y	Y	72	128	24	2	3	Y
RP-701	V	E	Bk/Wt/R/O	1,729		M/S	324	Y	Y	Y	21	256	24	2	3	Y
GP-607 (Mini Grand)	G	E	EP	6,599	6,599	M	319	Y	Y	Y	21	UL/384	70	5	3	Y

Brand & Model	Action	Triple-Sensor Keys	Escapement	Wood Keys	Ivory Texture	Bluetooth	Vocal Support	Educational Features	External Storage	USB to Computer	USB Digital Audio	Recording Tracks	Warranty (Parts/Labor)	Dimensions WxDxH (Inches)	Weight (Pounds)
Physis *(continued)*															
V100	Tri-sensor, Hybrid	Y	Y	Y	Y				USB	Y	Y	16	3/1	58x17x46	233
G1000	Tri-sensor, Hybrid	Y	Y	Y	Y				USB	Y		2	3/1	57x40x56	288
Roland															
RD-88	PHA-4 Standard	Y	Y		Y			Y	USB	Y	Y		3/2	51x11x6	30
RD-2000	PHA-50 Concert	Y	Y	Y	Y				USB	Y	Y	1	3/2	56x15x6	55
GO:PIANO88	Touch Sensitive					Y		Y		Y			1/90	51x11x5	16
FP-30X	PHA-4 Standard	Y	Y		Y	Y		Y	USB	Y	Y	3	5/2	51x11x6	31
FP-60X	PHA-4 Standard	Y	Y		Y	Y	Y	Y	USB	Y	Y	3	5/2	51x14x5	42
FP-90X	PHA-50 Concert	Y	Y	Y	Y	Y	Y	Y	USB	Y	Y	3	5/2	53x15x5	52
FRP-1	PHA-4 Standard	Y	Y		Y	Y		Y		Y			3/2	51x13x36	44
DP-603	PHA-50 Concert	Y	Y	Y	Y	Y		Y	USB	Y	Y	3	5/2	55x14x31	104
DP-603	PHA-50 Concert	Y	Y	Y	Y	Y		Y	USB	Y	Y	3	5/2	55x14x31	104
DP-603	PHA-50 Concert	Y	Y	Y	Y	Y		Y	USB	Y	Y	3	5/2	55x14x31	104
HP-702	PHA-4 Standard	Y	Y	Y	Y	Y		Y	USB	Y	Y	3	5/2	54x18x42	120
HP-704	PHA-50 Concert	Y	Y	Y	Y			Y	USB	Y	Y	3	10/10	54x19x44	131
HP-704	PHA-50 Concert	Y	Y	Y	Y	Y		Y	USB	Y	Y	3	10/10	54x19x44	134
LX-705	PHA-50 Concert	Y	Y	Y	Y			Y	USB	Y	Y	3	10/10	54x18x41	164
LX-705	PHA-50 Concert	Y	Y	Y	Y			Y	USB	Y	Y	3	10/10	54x18x41	167
LX-706	PHA-100 Hybrid Grand	Y	Y	Y	Y			Y	USB	Y	Y	3	10/10	54x19x44	212
LX-706	PHA-100 Hybrid Grand	Y	Y	Y	Y	Y		Y	USB	Y	Y	3	10/10	54x19x44	216
LX-708	PHA-100 Hybrid Grand	Y	Y	Y	Y			Y	USB	Y	Y	3	10/10	55x19x46	240
LX-708	PHA-100 Hybrid Grand	Y	Y	Y	Y	Y		Y	USB	Y	Y	3	10/10	55x19x46	243
LX-708	PHA-100 Hybrid Grand	Y	Y	Y	Y			Y	USB	Y	Y	3	10/10	55x19x46	243
F-140R	PHA-4-Standard	Y	Y		Y	Y		Y	USB	Y	Y	1	5/2	54x14x36	76
F-701	PHA-4-Standard	Y	Y		Y	Y		Y	USB	Y	Y	3	5/2	54x14x36	79
RP-102	PHA4-Standard	Y	Y		Y	Y	Y			Y		0	5/2	54x17x39	83
RP-501R	PHA-4 Standard	Y	Y		Y	Y		Y	USB	Y	Y	1	5/2	54x17x39	81
RP-701	PHA-4 Standard	Y	Y		Y	Y		Y	USB	Y	Y	3	5/2	54x18x40	101
GP-607 (Mini Grand)	PHA-50 Concert	Y	Y	Y	Y	Y		Y	USB	Y	Y	3	10/10	55x37x35	223

Digital Piano Specifications & Prices 85

Brand & Model	Form	Ensemble	Finish	Estimated Price	MSRP	Sound Source	Voices	Key Release	Sustain Resonance	String Resonance	Rhythms/Styles	Polyphony	Total Watts	Speakers	Piano Pedals	Half Pedal
Roland *(continued)*																
GP-607 (Mini Grand)	G	E	WtP	6,799	6,799	M	319	Y	Y	Y	21	UL/384	70	5	3	Y
GP-609 (Grand Piano)	G	E	EP	11,299	11,299	M	319	Y	Y	Y	21	UL/384	74	7	3	Y
GP-609 (Grand Piano)	G	E	WtP	11,599	11,599	M	319	Y	Y	Y	21	UL/384	74	7	3	Y
Samick																
SG-120	G	E	EP	4,179	4,595	S	377	Y	Y	Y	353	128	60	6	3	Y
SG-120	G	E	WtP	4,320	4,750	S	377	Y	Y	Y	353	128	60	6	3	Y
SG-120	G	E	RdP	4,452	4,895	S	377	Y	Y	Y	353	128	60	6	3	Y
SG-500	G	E	EP	5,230	5,750	S	377	Y	Y	Y	352	128	80	8	3	Y
SG-500	G	E	WtP	5,384	5,920	S	377	Y	Y	Y	352	128	80	8	3	Y
SG-500	G	E	RdP	5,502	6,050	S	377	Y	Y	Y	352	128	80	8	3	Y
Studiologic																
Numa X Piano GT	S		WG/Bk	1,999	2,999	M	200	Y	Y	Y		300	0	0	3	Y
Numa X Piano 88	S		Bk	1,499	2,499	M	200	Y	Y	Y		300	0	0	1	
Suzuki																
VG-88	V		R	5,500		S	16+ 128GM		Y	Y		189	40	4	3	
CTP-88	V	E	M	3,300		S	122+ 128GM		Y	Y	100	128	60	4	3	
MDG-300	G	E	EP	3,000		S	122+ 128GM		Y	Y	100	128	120	6	3	
MDG-330	G	E	EP	3,000		S	122+ 128GM		Y	Y	100	128	120	6	3	
MDG-400	G		EP	6,000		S	122+ 128GM		Y	Y	100	128	120	6	3	
Williams																
Legato III	S		Bk	219	299	S	10		Y			64	40	2	1	
Allegro III	S		Bk	299	399	S	10		Y			64	60	2	1	
Rhapsody 2	V		WG/EP	599	599	S	12		Y			64	60	2	2	
Rhapsody III	V		WG/EP	499	649	S	12					128	60	2	2	
Overture 2	V		EP/RdM	799	899	S	19+ 128GM		Y			64	60	4	3	

Brand & Model	Action	Triple-Sensor Keys	Escapement	Wood Keys	Ivory Texture	Bluetooth	Vocal Support	Educational Features	External Storage	USB to Computer	USB Digital Audio	Recording Tracks	Warranty (Parts/Labor)	Dimensions WxDxH (Inches)	Weight (Pounds)
Roland *(continued)*															
GP-607 (Mini Grand)	PHA-50 Concert	Y	Y	Y	Y		Y			USB	Y	Y	3	10/10	55x37x35	223
GP-609 (Grand Piano)	PHA-50 Concert	Y	Y	Y	Y	Y				USB	Y	Y	3	10/10	57x59x62	326
GP-609 (Grand Piano)	PHA-50 Concert	Y	Y	Y	Y	Y				USB	Y	Y	3	10/10	57x59x62	326
Samick															
SG-120	Graded	Y				Y	Y	Y		USB	Y	Y	5	3/3	56x35x29	170
SG-120	Graded	Y				Y	Y	Y		USB	Y	Y	5	3/3	56x35x29	170
SG-120	Graded	Y				Y	Y	Y		USB	Y	Y	5	3/3	56x35x29	170
SG-500	Graded	Y				Y	Y	Y		USB	Y	Y	5	3/3	56x49x35	290
SG-500	Graded	Y				Y	Y	Y		USB	Y	Y	5	3/3	56x49x35	290
SG-500	Graded	Y				Y	Y	Y		USB	Y	Y	5	3/3	56x49x35	290
Studiologic															
Numa X Piano GT	Fatar Weighted	Y		Y						Y	Y	0	2/2	50x12x5	48
Numa X Piano 88	Fatar Weighted	Y								Y	Y	0	2/2	50x12x5	31
Suzuki															
VG-88	Graded				Y	Y				Y		1	1/1	58x19x41	236
CTP-88	Graded						Y		SD	Y		3	1/1	54x20x40	175
MDG-300	Graded					Y			SD	Y		3	1/1	55x30x36	218
MDG-330	Graded					Y			SD	Y		3	1/1	57x39x36	330
MDG-400	Graded					Y			SD	Y		3	1/1	55x49x35	315
Williams															
Legato III	Semi-Weighted				Y	Y				Y		0	1/1	50x11x4	19
Allegro III	Weighted				Y	Y				Y		1	1/1	52x5x13	30
Rhapsody 2	Weighted									Y		2	1/1	54x16x31	83
Rhapsody III	Graded Weighted				Y					Y	Y	2	1/1	54x16x31	95
Overture 2	Weighted					Y				USB	Y	2	1/1	55x19x34	117

Digital Piano Specifications & Prices

Brand & Model	Form	Ensemble	Finish	Estimated Price	MSRP	Sound Source	Voices	Key Release	Sustain Resonance	String Resonance	Rhythms/Styles	Polyphony	Total Watts	Speakers	Piano Pedals	Half Pedal

Williams *(continued)*

Brand & Model	Form	Ensemble	Finish	Estimated Price	MSRP	Sound Source	Voices	Key Release	Sustain Resonance	String Resonance	Rhythms/Styles	Polyphony	Total Watts	Speakers	Piano Pedals	Half Pedal
Overture III	V		EP/RdM	879	1,099	S	43+128GM						240	80	4	3
Symphony Grand	G	E	EP/RdM	1,699	1,699	S	46+128GM	Y	Y	Y	120	128	60	6	3	
Symphony Grand II	G	E	EP/RdM/Wt	1,899	2,299	S	44+128GM	Y	Y	Y	180	256	100	8	3	
Symphony Concert	G	E	EP/RdM	3,199	3,199	S	44+128GM	Y	Y	Y	180	256	100	8	3	

Yamaha

Brand & Model	Form	Ensemble	Finish	Estimated Price	MSRP	Sound Source	Voices	Key Release	Sustain Resonance	String Resonance	Rhythms/Styles	Polyphony	Total Watts	Speakers	Piano Pedals	Half Pedal
P45	S		Bk	550	599	S	10					64	12	2	1	Y
P121	S		Bk/Wt	630	899	M/S	24	Y				192	4			
P125	S		Bk/Wt	700	999	S	24				20	192	14	4	1 (3)	Y
P515	S		Bk/Wt	1,600	1,999	S	40+480XG	Y	Y	Y	40	256	40	4	1 (3)	Y
CP300	S		Bk	2,500	3,499	S	50+480XG	Y	Y	Y		128	60	2	3	Y
CP40 Stage	S		Bk	1,400	2,399	M/S	297	Y	Y			128	0	0	1 (2)	Y
CP4 Stage	S		Bk	2,000	2,699	M/S	433	Y	Y			128	0	0	1 (2)	Y
CP1	S		Bk	5,000	5,999	M/S	17	Y	Y	Y		128	0	0	3	Y
YDP145	V		Bk/R	1,300	1,599	S	10					192	16	2	3	Y
YDPS35	V		Bk/Wt	1,200	1,499	S	10					192	16	2	3	Y
YDP165	V		Bk/R	1,800	2,399	S	10					192	40	4	3	Y
YDPS55	V		Bk/Wt	1,600	1,999	S	10					192	40	4	3	Y
YDP184	V		R	2,400	2,799	S	24	Y	Y	Y		256	60	2	3	Y
CSP150	V	E	Bk	3,800	4,199	S	721+480XG	Y	Y	Y	470	256	60	2	3	Y
CSP150	V	E	EP	4,300	4,699	S	721+480XG	Y	Y	Y	470	256	60	2	3	Y
CSP170	V	E	Bk	5,150	5,599	S	721+480XG	Y	Y	Y	470	256	180	4	3	Y
CSP170	V	E	EP	5,750	6,199	S	721+480XG	Y	Y	Y	470	256	180	4	3	Y
CLP725	V		Bk/R	2,000	2,299	S	10	Y	Y	Y	0	256	40	2	3	Y
CLP725	V		EP	2,400	2,699	S	10	Y	Y	Y	0	256	40	2	3	Y
CLP735	V		Bk/DW/R/Wt	2,900	3,199	S	38	Y	Y	Y	20	256	60	2	3	Y
CLP735	V		EP	3,400	3,699	S	38	Y	Y	Y	20	256	60	2	3	Y

Brand & Model	Action	Triple-Sensor Keys	Escapement	Wood Keys	Ivory Texture	Bluetooth	Vocal Support	Educational Features	External Storage	USB to Computer	USB Digital Audio	Recording Tracks	Warranty (Parts/Labor)	Dimensions WxDxH (Inches)	Weight (Pounds)
Williams *(continued)*															
Overture III	Graded Weighted					Y		Y		USB	Y	Y	2	1/1	55x42x21	159
Symphony Grand	Weighted					Y		Y		USB	Y	Y	4	1/1	54x35x36	163
Symphony Grand II	Weighted					Y		Y		USB	Y	Y	4	1/1	55x37x38	225
Symphony Concert	Graded Weighted					Y		Y		USB	Y	Y	4	1/1	55x47x41	287
Yamaha															
P45	GHS										Y		0	3/3	52x12x6	26
P121	GHS										Y		0	3/3	44x12x7	22
P125	GHS										Y	Y	2	3/3	52x12x6	26
P515	NWX	Y	Y	Y	Y	Y				USB	Y	Y	16	3/3	53x14x7	48
CP300	GH										Y		16	3/3	54x18x7	72
CP40 Stage	GH									USB	Y	Y	0	3/3	52x14x6	36
CP4 Stage	NW-GH3	Y		Y	Y					USB	Y	Y	0	3/3	52x14x6	39
CP1	NW-Stage			Y	Y					USB	Y		0	3/3	55x17x7	60
YDP145	GHS										Y	Y	2	3/3	54x17x33	84
YDPS35	GHS										Y	Y	2	3/3	54x17x31	80
YDP165	GH3	Y		Y							Y	Y	2	3/3	54x17x34	93
YDPS55	GH3	Y		Y							Y	Y	2	3/3	55x12x31	80
YDP184	GH3	Y		Y						USB	Y		16	3/3	57x36x18	123
CSP150	GH3X	Y	Y	Y		Y	Y			USB-Tablet	Y	Y	16	5/5	56x18x40	127
CSP150	GH3X	Y	Y	Y		Y	Y			USB-Tablet	Y	Y	17	5/6	56x18x40	127
CSP170	NWX	Y	Y	Y	Y	Y	Y			USB-Tablet	Y	Y	18	5/7	56x18x40	147
CSP170	NWX	Y	Y	Y	Y	Y	Y			USB-Tablet	Y	Y	19	5/8	56x18x40	147
CLP725	GrandTouch-S	Y	Y	Y			Y			USB	Y	Y	2	5/5	54x17x34	100
CLP725	GrandTouch-S	Y	Y	Y			Y			USB	Y	Y	2	5/5	54x17x34	100
CLP735	GrandTouch-S	Y	Y	Y			Y			USB	Y	Y	16	5/5	58x19x37	125
CLP735	GrandTouch-S	Y	Y	Y			Y			USB	Y	Y	16	5/5	58x19x37	132

Digital Piano Specifications & Prices

Brand & Model	Form	Ensemble	Finish	Estimated Price	MSRP	Sound Source	Voices	Key Release	Sustain Resonance	String Resonance	Rhythms/Styles	Polyphony	Total Watts	Speakers	Piano Pedals	Half Pedal
Yamaha *(continued)*																
CLP745	V		Bk/DW/R/Wt	3,800	4,199	S	38	Y	Y	Y	20	256	200	4	3	Y
CLP745	V		EP	4,300	4,699	S	38	Y	Y	Y	20	256	200	4	3	Y
CLP775	V		Bk/DW/R/Wt	5,000	5,499	S	38	Y	Y	Y	20	256	184	6	3	Y
CLP775	V		EP	5,600	6,199	S	38	Y	Y	Y	20	256	184	6	3	Y
CLP785	V		Bk	6,400	6,899	S	53+480 XG	Y	Y	Y	20	256	300	6	3	Y
CLP785	V		EP	7,200	7,699	S	53+480 XG	Y	Y	Y	20	256	300	6	3	Y
CLP785	V		WtP	8,200	8,799	S	53+480 XG	Y	Y	Y	20	256	300	6	3	Y
CVP701	V	E	Bk	4,300	5,299	S	777+480XG	Y	Y	Y	310	256	50	2	3	Y
CVP701	V	E	EP	5,150	6,199	S	777+480XG	Y	Y	Y	310	256	50	2	3	Y
CVP805	V	E	Bk	8,000	9,199	S	1315+480XG	Y	Y	Y	525	256	130	4	3	Y
CVP805	V	E	EP	8,700	9,999	S	1315+480XG	Y	Y	Y	525	256	130	4	3	Y
CVP809	V	E	Bk	12,800	14,499	S	1605+480XG	Y	Y	Y	675	256	260	7	3	Y
CVP809	V	E	EP	13,500	14,999	S	1605+480XG	Y	Y	Y	675	256	260	7	3	Y
CVP809	V	E	WtP	14,200	15,999	S	1605+480XG	Y	Y	Y	675	256	260	7	3	Y
NU1X	V		EP	6,816	7,999	S	15	Y	Y	Y		256	180	4	3	Y
NU1X	V		WtP	7,089	8,199	S	15	Y	Y	Y		256	180	4	3	Y
N1X	G		EP	9,998	11,399	S	15	Y	Y	Y		256	180	6	3	Y
N2	G		EP	12,998	15,499	S	5	Y	Y	Y		256	500	12	3	Y
N3X	G		EP	19,362	22,899	S	10	Y	Y	Y		256	500	12	3	Y
CLP765GP	G		EP	6,000	6,499	S	38	Y	Y	Y	20	256	184	4	3	Y
CLP765GP	G		WtP	6,800	7,399	S	38	Y	Y	Y	20	256	184	4	3	Y
CLP795GP	G		EP	8,200	8,799	S	53+480 XG	Y	Y	Y	20	256	300	7	3	Y
CLP795GP	G		WtP	9,200	9,999	S	53+480 XG	Y	Y	Y	20	256	300	7	3	Y
CVP809GP	G	E	EP	17,500	19,999	S	1605+480XG	Y	Y	Y	675	256	260	6	3	Y
CVP809GP	G	E	WtP	18,500	21,999	S	1605+480XG	Y	Y	Y	675	256	260	6	3	Y

Brand & Model	Action	Triple-Sensor Keys	Escapement	Wood Keys	Ivory Texture	Bluetooth	Vocal Support	Educational Features	External Storage	USB to Computer	USB Digital Audio	Recording Tracks	Warranty (Parts/Labor)	Dimensions WxDxH (Inches)	Weight (Pounds)
Yamaha *(continued)*															
CLP745	GrandTouch-S	Y	Y		Y	Y		Y		USB	Y	Y	16	5/5	58x19x37	132
CLP745	GrandTouch-S	Y	Y		Y	Y		Y		USB	Y	Y	16	5/5	58x19x37	138
CLP775	GrandTouch	Y	Y	Y	Y	Y		Y		USB	Y	Y	2	5/5	58x19x45	157
CLP775	GrandTouch	Y	Y	Y	Y	Y		Y		USB	Y	Y	2	5/5	58x19x45	163
CLP785	GrandTouch-S	Y	Y	Y	Y	Y		Y		USB	Y	Y	16	5/5	58x19x41	185
CLP785	GrandTouch-S	Y	Y	Y	Y	Y		Y		USB	Y	Y	16	5/5	58x19x41	191
CLP785	GrandTouch-S	Y	Y	Y	Y	Y		Y		USB	Y	Y	16	5/5	58x19x41	185
CVP701	GH3X		Y		Y		Y	Y		USB	Y	Y	16	5/5	53x24x36	130
CVP701	GH3X	Y	Y		Y		Y	Y		USB	Y	Y	16	5/5	53x24x36	130
CVP805	GrandTouch		Y		Y	Y	Y	Y		USB		Y	16	5/5	56x24x41	185
CVP805	GrandTouch		Y		Y	Y	Y	Y		USB	Y		16	5/5	56x24x41	185
CVP809	GrandTouch		Y		Y	Y	Y	Y		USB	Y		16	5/5	56x24x41	185
CVP809	GrandTouch		Y		Y	Y	Y	Y		USB	Y	Y	16	5/5	56x24x41	185
CVP809	GrandTouch	Y	Y	Y	Y	Y	Y	Y		USB	Y		16	5/5	56x24x41	185
NU1X	Specialized Upright			Y	Y					USB	Y	Y	1	5/5	60x18x40	240
NU1X	Specialized Upright			Y	Y					USB	Y	Y	1	5/5	60x18x40	240
N1X	Specialized Grand	Y	Y		Y					USB	Y	Y	1	5/5	58x24x39	257
N2	Specialized Grand	Y	Y	Y						USB			1	5/5	58x21x40	313
N3X	Specialized Grand	Y	Y		Y					USB	Y	Y	1	5/5	58x47x40	439
CLP765GP	GrandTouch-S	Y	Y		Y	Y		Y		USB	Y	Y	16	5/5	57x46x48	234
CLP765GP	GrandTouch-S	Y	Y		Y	Y		Y		USB	Y	Y	16	5/5	57x46x48	234
CLP795GP	GrandTouch-S	Y	Y	Y	Y	Y		Y		USB	Y	Y	16	5/5	57x49x63	278
CLP795GP	GrandTouch-S	Y	Y	Y	Y	Y		Y		USB	Y	Y	16	5/5	57x49x63	278
CVP809GP	GrandTouch	Y	Y	Y	Y	Y	Y	Y		USB	Y	Y	16	5/5	56x48x42	275
CVP809GP	GrandTouch	Y	Y	Y	Y	Y	Y	Y		USB	Y	Y	16	5/5	56x48x42	275

PIANO BUYER

www.pianobuyer.com

THE DEFINITIVE PIANO BUYING GUIDE

Get the Facts:

A whole library of articles detailing everything you need to know about pianos!

- Detailed Buying Guides & Tips
- Manufacturing Information
- Piano Care & Maintenance
- Brand Profiles
- Searchable Databases
- Pricing & More

Read for free online!

Your piano journey starts here

Made in the USA
Columbia, SC
22 March 2023